Direito Civil

Direito de Família e das Sucessões

Direito Civil

Direito de Família e das Sucessões

Tatiana Moschetta Assef
Advogada especialista em
Direito Processual Civil pela
PUC -SP/COGEAE

editora HARBRA

Supervisão Editorial: Maria Pia Castiglia
Revisão de Texto: Paola Morsello
Revisão de Provas: Grasiele L. Favatto Cortez
Editoração Eletrônica: Mônica Roberta Suguiyama
Capa: Fernando Mendes
Impressão e Acabamento: RR Donnelley

DIREITO CIVIL – DIREITO DE FAMÍLIA E DAS SUCESSÕES

Rua Joaquim Távora, 629 e 779
04015-001 São Paulo – SP
Promoção: (011) 5084-2482 e 5571-1122. Fax: (011) 5575-6876
Vendas: (011) 5084-2403, 5549-2244 e 5571-0276. Fax: (011) 5571-9777

ISBN 85-294-0266-9

Impresso no Brasil *Printed in Brazil*

Dedico esta obra a todos aqueles que estiveram presentes em
minha vida durante todos esses anos:
a Deus, pela família maravilhosa que me ofertou;
aos amigos, que compõem a família que escolhi;
e, especialmente, ao meu querido Eduardo e ao nosso
pequeno Stefano, o primogênito tão esperado...

Conteúdo

Apresentação

Ninguém pode negar que vivemos, neste novo milênio, o impacto de transformações revolucionárias, seja na ordem econômica, seja no relacionamento social. Os caminhos cibernéticos abrem o espaço universal para todos e o mundo deixa de ser uma aldeia global para estar presente na própria mesa de trabalho, acessado por máquinas que nos ligam ao universo.

É óbvio que, nessa conjuntura, conceitos milenares estão sendo revistos e as leis que regem a convivência social sofrem o impacto tremendo dessas transformações e a elas não podem ficar alheios os legisladores e doutrinadores. Se a lei não corresponde mais a realidade ela, naturalmente, fica de lado, substituída por usos e costumes até que novo texto legal venha reger nossos destinos.

A família não poderia ficar imune a tantas transformações.

Ao contrário.

Como núcleo social – e marco da própria sobrevivência da espécie – a família, sofrendo impacto das transformações, adquire contornos novos que o legislador, a doutrina e a jurisprudência devem considerar, como vemos nesta obra que reúne, justamente, aspectos doutrinários e práticos, servindo como instrumento de informação e trabalho aos operadores do direito.

O casamento já não é, apenas, um contrato e uma forma para legitimar a prole, mas é uma comunhão plena de vida, conceito, sem dúvida juridicamente correto e formulação poeticamente bela que atende a nova realidade social.

O Pátrio Poder, herança milenar do direito romano, perde espaço – e nisso temos algo tão revolucionário que mal nos damos conta – substituído por um conceito mais amplo: o Poder Familiar. Já não se trata de uma figura central que rege a sociedade conjugal, mas esta surge como ente que expressa a plena manifestação da independência feminina, agora parceira, em igualdade de condições, na condução dos destinos do lar.

A primazia do contrato matrimonial, que subsiste e tem sua importância, subordina-se a algo mais amplo que é o próprio conceito da família como ente com vida própria, onde homem e mulher, como seres humanos, ocupam espaço idêntico na construção de um ente que é fruto de uma "comunhão plena de vida".

Por tudo isso é uma obra que servirá, sem dúvida, como subsídio valioso para quem estuda família e sucessões a luz da nova e perturbadora realidade social.

Os editores

Prefácio

Embora algumas questões concernentes à família e ao casamento não constassem, de maneira expressa, no Código Civil de 1916, a legislação brasileira já as vinha abarcando desde a aprovação da *Lei do Divórcio* e do advento da *Constituição Federal de 1988,* dois grandes marcos de profundas modificações no direito de família. Deste modo, vários assuntos expressamente tratados pelo novo Código Civil já são velhos conhecidos da doutrina e da jurisprudência pátrias.

Desde então, o conceito de *entidade familiar* já não é mais o mesmo. A Família da sociedade atual não mais deverá ser vista apenas como núcleo econômico e de reprodução, mas sim como a célula de formação da sociedade, baseada no princípio da igualdade entre homem e mulher, grande marco da Constituição Federal de 1988.

Contudo, ao lado das entidades familiares já consagradas, seja por leis esparsas, seja agora pelo novo código civil, não podemos esquecer as *sociedades de afeto* (a comunidade familiar cujo laço de união de seus integrantes é tão-somente afetivo, para o qual o ordenamento jurídico não confere a qualidade de casamento ou de concubinato), que embora não expressamente tratadas pelas leis atualmente em vigor, integram a sociedade hodierna, clamando pelo aprofundamento do estudo da matéria e normatização dos institutos.

Este é o dever dos aplicadores do direito: buscar soluções adequadas às necessidades de seu povo. Procuramos, pois, com essa obra, abordar a matéria do Direito de Família e das Sucessões tal qual se encontra no novo código civil, apontando as similitudes com o código revogado e ressaltando os novos institutos do direito pátrio.

Deixamos, porém, como tarefa a todos, que reflitam sobre a matéria e tragam sugestões para o aprimoramento do direito, melhoria da sociedade e, conseqüentemente, o engrandecimento de nossa pátria.

Tatiana Moschetta Assef

Parte I

DIREITO DE FAMÍLIA

1

Do Casamento

Conceito

Uma das formas de instituição da entidade familiar é o *casamento*, ato solene por meio do qual duas pessoas, livres e desimpedidas, de sexo opostos, estabelecem uma comunhão plena de vida, comprometendo-se ambas na prestação de auxílio mútuo, seja material seja espiritual.

Clóvis Beviláqua, no Código Civil de 1916, definia o casamento como sendo *"um contrato bilateral e solene, pelo qual um homem e uma mulher se unem indissoluvelmente, legitimando por ele suas relações sexuais; estabelecendo a mais estreita comunhão de vida, e de interesses, comprometendo-se a criar e educar a prole que de ambos nascer"*.[1]

Entretanto, em que pese o enorme respeito ao ilustre jurista, não se pode manter esse conceito de casamento na atual sociedade

---

[1] BEVILÁQUA, Clóvis. *Código Civil comentado*. 6. ed. Rio de Janeiro: Francisco Alves, 1940.

brasileira. Isso porque, desde o advento da Lei do Divórcio (Lei 6.515/1977), o casamento não é mais uma instituição indissolúvel.

Por outro lado, deixou de ser a única forma de legitimar os filhos advindos de relações sexuais, já que, desde a promulgação da Constituição Federal de 1988, art. 227, § 6º, ficou estabelecido que

> *"Os filhos, havidos ou não da relação do casamento, ou por adoção, terão os mesmos direitos e qualificações, proibidas quaisquer designações discriminatórias relativas à filiação".*

Assim, conclui-se que casamento é um ato de exteriorização da manifestação de vontade de duas pessoas, de sexo opostos, que, após o cumprimento de certas formalidades legais, assumem comunhão plena de vida, pressupondo-se a reciprocidade de atos entre os consortes para a assistência moral, espiritual e financeira, bem como o auxílio recíproco na persecução de interesses individuais e na realização de interesses coincidentes (*consortium*). É por isso que o atual Código Civil estabelece que o casamento é *uma comunhão plena de vida,* abarcando o termo em todos os seus aspectos e implicações.

Natureza Jurídica do Casamento

A doutrina não é uníssona em relação à natureza jurídica do casamento. Alguns aderem à concepção contratualista do vínculo, segundo a qual o matrimônio é um contrato *sui generis*, pois, embora seja vínculo jurídico criado pelas partes, não se lhe aplicam todas as normas básicas presentes nos contratos civis, cuja validação depende unicamente do *consentimento* das partes.

Outra corrente de doutrinadores entende que o casamento, como célula básica da sociedade, seria *instituição social*, *"refletindo uma situação jurídica que surge da vontade dos contraentes, mas cujas normas, efeitos e forma encontram-se preestabelecidos pela lei. O matrimô-*

nio, por essa teoria, não seria um contrato pois as partes não têm liberdade de negociar regras, que já se encontram previamente estabelecidas por lei".[2]

Há ainda a *doutrina eclética ou mista,* que une o elemento volitivo ao elemento institucional, tornando o casamento um ato complexo, ou seja, concomitantemente contrato (na formação) e instituição (no conteúdo), sendo bem mais do que um contrato, embora não deixe de ser também um contrato".[3]

Princípios que Regem o Casamento

O regime legal do casamento subordina-se a alguns princípios básicos, tais como:

a. *livre consentimento dos nubentes e inexistência de termo ou condições para o ato* – os nubentes deverão consentir no ato, o que pressupõe a capacidade para a manifestação da vontade;
b. *monogamia* – o ordenamento jurídico pátrio é monogâmico, ou seja, não ser casado é um pressuposto para contrair núpcias. Portanto, se um ou ambos os consortes já houverem convolado núpcias anteriormente, estarão impedidos de casar enquanto não provarem a dissolução do primeiro vínculo. Para tanto, o interessado deverá apresentar ao oficial competente a certidão de óbito de seu primeiro cônjuge ou a certidão de divórcio ou declaração de nulidade de casamento anterior;
c. *plena comunhão de vida* – subentende-se a comunhão indivisa e incondicional de livre consentimento entre as partes. O casamento é um ato volitivo por meio do qual os nubentes abdicam de certas prerrogativas em prol da decisão tomada naquele momento, assumindo as responsabilidades e conseqüências que advirão do casamento. Assim, ao convolar núpcias, os nubentes sabem que deverão

---

[2] DINIZ, Maria Helena. *Curso de direito civil brasileiro.* São Paulo: Saraiva, 1996. v. 5, p. 37.
[3] *Ibid.*, p. 38.

respeitar certos preceitos morais e legais, como, por exemplo, o dever de fidelidade recíproca, o dever de mútua assistência etc.

Do Casamento Civil e da Evolução do Casamento Religioso com Efeitos Civis

O casamento civil foi instituído no Brasil pelo Decreto 181, de 24 de janeiro de 1890, após o advento da República, que separou o poder temporal do poder espiritual e, conseqüentemente, excluiu da Igreja a prerrogativa de exclusividade quanto à celebração do matrimônio.

Com esse decreto o casamento religioso perdia qualquer valor jurídico, sendo válido somente o vínculo conjugal estabelecido segundo os termos da lei civil que então passava a vigorar.

Além disso, com a vinda de imigrantes de diversas partes do mundo para o Brasil, introduziram-se novas crenças e religiões na sociedade brasileira. Aqueles que não eram católicos não queriam sujeitar-se ao casamento realizado pelas leis da Igreja, tornando-se um sério problema o reconhecimento ou não da validade do casamento entre católicos e não-católicos.

Nessa época eram praticadas três espécies de ato nupcial no Brasil:

a. *casamento católico* – regido em conformidade com o Concílio de Trento e das Constituições do Arcebispado Baiano;
b. *casamento misto* – celebrado entre nubentes católicos e não-católicos, regido pelas normas do direito canônico; e
c. *casamento acatólico* – que unia nubentes de outras religiões, em conformidade com os preceitos e ordenamentos de suas respectivas crenças.

Em 1858, Diogo de Vasconcelos, então Ministro da Justiça, apresentou um projeto de lei permitindo e reconhecendo como válidos os matrimônios celebrados em conformidade com as religiões desses imigrantes. Em 1861 esse projeto transformou-se em lei.

Foi então que, com a proclamação da República, houve a separação dos poderes e o casamento veio a perder seu caráter confessional. Com o Decreto 181/1890, foi instituído o casamento civil no Brasil, passando-se a desconsiderar a validade do casamento religioso.

A partir daí, tanto a Constituição Federal de 1891 como o Código Civil de 1916 consolidaram e disciplinaram a validade do casamento no Brasil tão-somente quando formalizado nos moldes das leis civis.

Anos após, com a promulgação da Lei de Registros Públicos (Lei 6.015/73), a entrada em vigor da Constituição Federal de 1988 (art. 226, § 2º) e agora, de maneira expressa, com o novo Código Civil, houve o reconhecimento da validade do casamento religioso.

Para tanto, mister se faz o cumprimento dos requisitos estabelecidos pelo Código Civil quanto à habilitação para o casamento. Após a formalização do ato pela Igreja, os interessados requererão o registro, no prazo de 90 (noventa) dias, no Cartório de Registro Civil competente.

O casamento religioso, quando devidamente registrado no Cartório competente, produzirá todos os efeitos do casamento civil a contar da data de sua celebração.

Formalidades para a Validade do Casamento Religioso com Efeito de Casamento Civil

Para que o casamento religioso tenha efeito de casamento civil, mister se faz o cumprimento de algumas condições básicas. São elas: cumprimento dos mesmos requisitos exigidos para o casamento civil e registro do casamento religioso no Cartório de Registro Civil competente no prazo de 90 (noventa) dias a contar da celebração do ato, desde que tenha sido homologada previamente a habilitação.

Caso os interessados *não* promovam o registro do casamento religioso no Cartório de Registro Civil competente no prazo de 90 (noventa) dias, a *habilitação* para o casamento perderá sua *eficácia*, (art. 1.532), devendo os interessados, querendo reconhecer a validade do casamento religioso, submeter-se a nova habilitação, nos termos dos arts. 1.525 e seguintes do Código Civil.

E mais, conforme art. 1.516, § 3º,

> *"Será nulo o registro civil do casamento religioso se, antes dele, qualquer dos consorciados houver contraído com outrem casamento civil".*

Espécies de Casamento Religioso com Efeito de Casamento Civil

Em se tratando de casamento religioso com efeito de casamento civil, a lei subdivide-o em duas espécies:

Casamento Religioso Precedido de Habilitação Civil

Os nubentes, demonstrando interesse em realizar o casamento religioso com efeito de casamento civil, dirigem-se ao Cartório de Registro Civil competente, requerendo a expedição de *Certidão de Habilitação* para o matrimônio.

Vale lembrar que a habilitação será deferida após o cumprimento das formalidades legais, em conformidade com os arts. 1.525 e seguintes do Código Civil. Com o certificado, a habilitação será válida para a realização do casamento religioso pelo prazo máximo de 90 (noventa) dias.

De posse dessa certidão de habilitação, os nubentes dirigir-se-ão à autoridade eclesiástica perante a qual convolarão núpcias. Posteriormente, munidos de termo ou assento de casamento religioso, subscrito pela autoridade ou ministro que o celebrar, pelos nubentes e por duas testemunhas, dentro do prazo de 90 (noventa) dias, tanto o celebrante como qualquer dos nubentes, requererá a inscrição do termo no Registro Civil competente.

Caso o prazo de 90 (noventa) dias para a inscrição tenha-se esgotado sem que o interessado a tenha providenciado, os cônjuges deverão passar por nova habilitação para o casamento.

Casamento Religioso não Precedido de Habilitação Civil

O casamento religioso celebrado sem a prévia habilitação perante o oficial do Registro Público poderá ser registrado desde que apresentados pelos nubentes, juntamente com o requerimento do registro, a prova do ato religioso e os documentos exigidos pelo Código Civil.

Assim, sendo a habilitação posterior ao casamento religioso propriamente dito, o oficial do Cartório de Registro Civil providenciará, a pedido dos nubentes, a publicação dos editais. Certificada a inexistência de impedimentos, o oficial fará o registro do casamento religioso, de acordo com a prova do ato e os dados constantes do processo, de modo que o registro produzirá efeitos jurídicos a contar da celebração do casamento.

Se não for efetuado o registro do casamento religioso em Cartório de Registro Civil, a relação entre as partes será apenas concubinária. Contudo, obedecidas as formalidades legais e tendo sido feito o registro do casamento religioso, o estado civil dos interessados passa a ser o de casados, desde a data da solenidade religiosa.

Outras Espécies de Casamento

Além do casamento civil e do casamento religioso com efeito de casamento civil, verifica-se que o Código contempla outras formas de matrimônio válido, quais sejam: casamento por procuração; casamento nuncupativo; casamento putativo; e casamento consular.

Casamento por Procuração

Previsto no art. 1.542 do Código Civil, essa forma de matrimônio caracteriza-se pela outorga, por parte de um dos nubentes, de procuração por instrumento público para terceira pessoa que o representará no ato nupcial a ser realizado perante o oficial do Registro Civil.

O casamento por procuração somente poderá ser celebrado mediante a apresentação de procuração por instrumento público com poderes específicos, cuja validade será de, no máximo, 90 (noventa) dias a contar da data de sua lavratura.

O mandante poderá, antes da celebração do casamento, revogar o instrumento de mandato, sendo válida a revogação desde que também seja feita por instrumento público. A legislação não exige, para a validade do ato revogatório, que o mandatário tenha conhecimento de sua revogação. Contudo, celebrado o casamento sem que o mandatário, ou o outro contraente, tenham ciência da revogação, responderá o mandante por perdas e danos.

Segundo as regras gerais do direito civil, o art. 689 estabelece que

> *"São válidos, a respeito dos contratantes de boa-fé, os atos com estes ajustados em nome do mandante pelo mandatário, enquanto este ignorar a morte daquele ou a extinção do mandato, por qualquer outra causa".*

Sendo assim, o casamento contraído por terceiro de boa-fé cujo mandato tenha sido revogado pelo mandante sem o conhecimento do mandatário será válido, porém anulável por expressa disposição legal, contida no art. 1.550, V, que estabelece que é anulável o casamento:

> *"Realizado pelo mandatário, sem que ele ou o outro contraente soubesse da revogação do mandato, e não sobrevindo coabitação entre os cônjuges".*

Ainda sobre o casamento por procuração, cumpre salientar conforme disposto no art. 1.542, § 2º, que

> *"O nubente que não estiver em iminente risco de vida, poderá fazer-se representar no casamento nuncupativo".*

Casamento Nuncupativo

A expressão *nuncupatus* vem do latim e designa um ato jurídico feito oralmente e não por escrito. Assim, o casamento nuncupativo é aquele celebrado sem a presença da autoridade competente para presidi-la, desde que um dos nubentes esteja em iminente risco de vida.

O ato será celebrado na presença de seis testemunhas, com as quais os nubentes não tenham parentesco em linha reta ou colateral até o segundo grau. Realizado o casamento, as testemunhas terão o prazo de 10 (dez) dias para se dirigir à autoridade judicial mais próxima pedindo que lhes tome por termo as declarações de que o enfermo as convocou por sua livre e espontânea vontade; que ele corria perigo de vida, mas aparentava estar em seu perfeito juízo; e que, em suas presenças, declararam os nubentes a intenção de receberem-se mutuamente por marido e mulher.

O juiz, verificando que os nubentes teriam preenchido os requisitos para a habilitação do casamento, ouvirá o Ministério Público e os interessados que a requereram e proferirá decisão. Caso reconheça a validade do casamento nuncupativo, a sentença deverá ser levada ao Registro Civil competente e seus efeitos retroagirão à data da celebração do ato.

Caso o cônjuge se restabeleça e possa ratificar sua intenção de matrimônio na presença de autoridade competente, serão dispensadas as formalidades acima referidas.

Casamento Putativo

O termo *putativus* significa imaginário, estimado, julgado. Ou seja, diz-se putativo o casamento que, embora ilegítimo, é objeto de suposição de legitimidade com base na boa-fé de um ou de ambos os cônjuges contraentes.

Pelo próprio defeito em sua constituição, o casamento putativo poderá ser anulado, porém terá produzido seus efeitos para aquele que estiver de boa-fé[4] e para os filhos comuns até a data da sentença anulatória. Se ambos os cônjuges estiverem de má-fé, os efeitos civis do casamento putativo só aos filhos aproveitarão.

Casamento Consular

Diz-se consular o casamento de brasileiro celebrado no estrangeiro perante as respectivas autoridades ou perante autoridades consulares brasileiras.

Para que surta efeitos no Brasil, o casamento consular deverá ser registrado, no prazo de 180 (cento e oitenta) dias a contar da volta de um ou de ambos os cônjuges ao país, sendo competente para tanto o Cartório do respectivo domicílio ou, em sua falta, o do 1º Ofício da Capital do Estado onde os cônjuges passarem a residir.

[4] *Boa-fé*, na acepção jurídica do termo, significa crer em uma coisa que não existe e agir como se ela existisse.

2

Da Celebração e Validade do Casamento

A celebração do casamento é ato complexo que se inicia com o processo de habilitação e culmina com a lavratura de seu assentamento em livro próprio, não se podendo fazê-lo em etapas isoladas, eis que de seu conjunto é que se terá a celebração do casamento válido.

Para que seja considerado válido o casamento, os nubentes deverão preencher os requisitos legais para a celebração do matrimônio civil.

Considerar-se-á igualmente válido o casamento religioso quando a celebração do ato tiver atendido as exigências legais para a validade do casamento civil e desde que registrado em Cartório competente dentro dos 90 (noventa) dias subseqüentes à sua realização.

Da Validade do Casamento

Para que o casamento tenha *existência jurídica*, faz-se necessário o preenchimento de três requisitos imprescindíveis: a diversidade de sexo; a celebração por autoridade competente; e o consentimento dos nubentes.

Pelo ordenamento jurídico pátrio, não se considera casamento a união entre duas pessoas do mesmo sexo, assim como não se considerará válido o ato quando não houver sido cumprida a celebração ou, ainda, quando as partes *não* manifestarem, de maneira livre e consciente, seu consentimento.

A celebração e o consentimento das partes são atos concomitantes (art. 1.514), pois

> *"O casamento se realiza no momento em que o homem e a mulher manifestam, perante o juiz, a sua vontade de estabelecer vínculo conjugal, e o juiz os declara casados".*

Caso falte algum dos requisitos acima expostos, o casamento será *inexistente*, não podendo ser convolado ou ratificado pelas partes interessadas, pois não é possível validar aquilo que nunca existiu.

O conceito de casamento *inexistente* é diferente do conceito de casamento *nulo*. Quando se fala em casamento nulo, a parte interessada deverá ingressar com uma ação de nulidade pelo procedimento ordinário, havendo a necessidade do pronunciamento judicial sobre aquele fato.

Ao contrário, em se tratando de casamento *inexistente*, sequer haveria a necessidade da propositura de qualquer ação judicial, vez que o matrimônio nunca existiu e por isso não há por que ser declarado inexistente.

Nesse sentido, lembramos a lição do ilustre mestre Caio Mário,[5] quando ensina que *"o ato* nulo *ou* anulável, *embora defeituoso, existe. Apenas deixa de produzir efeito, por não se integrar na sistemática da lei. Já o ato* inexistente *não é ato, é mera* aparência de ato. *Falta-lhe um* pressuposto material *de constituição. Nisso reside a distinção: no ato* nulo, *mesmo absolutamente, estão presentes os pressupostos de fato; os resultados é que são frustrados. No* inexistente, *nem*

---

[5] PEREIRA, Caio Mário da Silva. *Instituições de direito civil.* 18. ed. Rio de Janeiro: Forense, 1996. v. 1, n. 112, p. 413.

mesmo materialmente se pode considerar que o ato aconteceu. Se, por exemplo, o consentimento é defeituoso porque manifestado por um incapaz, o ato é nulo. *Se, todavia, nenhuma espécie de consentimento ocorreu, nem mesmo defeituoso, ato não houve. Eis, aí, um exemplo de* inexistência *jurídica*".

Da Capacidade dos Nubentes e das Condições para o Casamento

São requisitos para a *validade* do casamento: idade núbil; capacidade sexual; sanidade; consentimento íntegro; e desimpedimento civil dos nubentes para o casamento.

Idade Núbil

Dispõe o Código Civil brasileiro no art. 1.517 que

> *"O homem e a mulher com dezesseis anos podem casar, exigindo-se autorização de ambos os pais, ou de seus representantes legais, enquanto não atingida a maioridade civil".*

Excepcionalmente será permitido o casamento de quem ainda não alcançou a idade núbil, para evitar imposição ou cumprimento de pena criminal, ou em caso de gravidez.

No Código anterior a idade mínima dos nubentes para convolar núpcias era de 16 anos para a mulher e 18 para o homem. A maioridade era atingida aos 21 anos. O novo Código Civil, além de fixar a maioridade civil aos 18 anos, também fixou a idade núbil, tanto para o homem quanto para a mulher em 16 anos.

Ainda assim, mesmo com 16 anos completos, os menores necessitarão da autorização dos pais, tutores ou curadores para a celebração do casamento. Se houver divergência entre os responsáveis legais do menor, qualquer um deles poderá recorrer ao juiz buscando um suprimento judicial. A autorização para o casamento do menor poderá ser revogada até o momento da celebração.

Uma vez convolado o casamento dos menores de idade, seja com a autorização dos representantes legais, seja pelo suprimento judicial, cessará para o nubente a incapacidade, ficando ele habilitado para a prática de todos os atos da vida civil, em conformidade com o art. 5º, II, do novo Código Civil. Emancipado pelo casamento, o indivíduo não mais retornará à menoridade, ainda que este venha a ser anulado ou advenha separação ou viuvez.

Capacidade Sexual

Em se tratando de condição para a validade do casamento, imperiosa a constatação da *aptidão física* dos nubentes, ou seja, da capacidade para procriar (é por isso que o legislador estabelece uma idade núbil mínima) e da saúde dos cônjuges, vez que a existência de moléstia grave ou contagiosa anterior ao casamento, desde que desconhecida pelo outro nubente, pode vir a ser causa de anulação do casamento.

Maria Helena Diniz,[6] ao falar sobre a aptidão física para o ato sexual, ensina que *"embora a ordem jurídica não impeça a realização de casamento entre pessoas idosas, ou à beira da morte, inaptas a praticar relações sexuais, entende-se que, normalmente, os nubentes devem ser capazes de efetivar a conjunção carnal, admitindo-se a anulação do casamento nos casos de* impotentia coeundi, *desde que interesse à mulher que antes do casamento ignora esse defeito físico irremediável. Já a* impotentia generandi *ou esterilidade não dá lugar à invalidade do casamento, pois a aptidão para procriar não está incluída entre as condições essenciais à sua validade"*.

Conforme se vê, a *impotentia coeundi* é a impotência para o desempenho das funções sexuais e, portanto, é causa de anulação de

[6] DINIZ, Maria Helena. *Curso de direito civil brasileiro* – Direito de família. 11. ed. São Paulo: Saraiva, 1996. v. 5. p. 54.

casamento, já que o defeito impossibilitaria ao indivíduo a prática do débito conjugal. Já a *impotentia generandi*, quando isolada da impotência, apenas impossibilita a procriação, mas não o ato sexual em si mesmo.

Sanidade dos Nubentes

Um terceiro requisito indispensável à validade do casamento é a saúde dos nubentes, pois sendo um deles portador de doença contagiosa desconhecia de seu consorte, esse fato constitui erro essencial sobre a pessoa do outro cônjuge, passível de anulação do casamento.

Um exemplo típico da exigência da comprovação da sanidade para a validade do casamento é o exame pré-nupcial obrigatório para o casamento de parentes colaterais até o 3º grau inclusive. A realização desse exame afirmará ser ou não conveniente, do ponto de vista da saúde de quaisquer dos nubentes e da prole, a realização do casamento.

Aptidão Intelectual (Consentimento Íntegro)

Em se tratando de consentimento para o casamento, como nos demais negócios jurídicos, este somente será válido se isento de vícios. Assim, há questões atinentes à *aptidão intelectual* dos nubentes, que podem viciar o consentimento e, conseqüentemente, prejudicar a livre manifestação de vontade dos contraentes.

É por isso que a doutrina entende que os nubentes devem ter maturidade suficiente e discernimento mínimo necessário para manifestar sua vontade, de forma livre e desimpedida, de aceitação do matrimônio.

Os *vícios do consentimento* elencados no Código Civil, aplicáveis ao casamento, são: o erro essencial e a coação.

Erro Essencial

É o engano ou desconhecimento sobre determinada qualidade da outra parte, cujo conhecimento prévio teria evitado as núpcias. É necessário que a característica seja tão substancial que o erro torne insuportável a vida em comum.

Os erros essenciais sobre a pessoa do outro cônjuge capazes de ensejar a anulação de casamento são:

a. aqueles que dizem respeito à sua identidade, honra e boa fama;
b. a ignorância de crime anterior ao casamento;
c. a ignorância, anterior ao casamento, de defeito físico irremediável ou de moléstia grave e transmissível pelo contágio, mal hereditário, capaz de pôr em risco a saúde do outro cônjuge e de sua descendência; ou
d. a ignorância, anterior ao casamento, de doença mental grave.

Entretanto, para que o erro justifique a anulação do casamento, mister se faz a observância dos seguintes pressupostos:

a. a *preexistência da circunstância* sobre a qual incidiu o erro, ou seja, esta deverá ser anterior ao casamento;
b. o *desconhecimento do erro* pelo cônjuge, que passa a conhecê-lo somente após o casamento; e
c. a *intolerabilidade da vida em comum* após a descoberta da verdade por um dos cônjuges.

Coação

É o constrangimento eficiente exercido sobre uma pessoa, de maneira direta ou indireta, com o escopo de impedir-lhe a livre manifestação da vontade. A coação pode ser física ou moral, assim como pode ser exercida por um dos cônjuges ou por terceira pessoa.

Assim, será anulável o casamento em virtude de coação, quando o consentimento de um ou de ambos os cônjuges houver sido obtido mediante fundado temor de mal considerável e iminente para a vida, a saúde e a honra do próprio consorte ou de seus familiares.

Desimpedimento Civil dos Nubentes para o Casamento

O derradeiro pressuposto de validade do casamento são as *condições de ordem moral ou pessoal* dos nubentes que os habilitam ou não para o matrimônio. São elas:

a. desimpedimento civil – segundo o princípio da monogamia adotado pelo direito civil brasileiro, só poderão convolar núpcias as pessoas que não estiverem impedidas. Assim, só será celebrado o casamento quando os nubentes forem solteiros, viúvos ou divorciados;
b. inexistência de impedimento pelo grau de parentesco (elencados no art. 1.521 do Código Civil) – não podem se casar os parentes em linha reta até o infinito e os parentes em linha colateral até o terceiro grau, seja o parentesco natural ou civil, consangüíneo ou afim;
c. impedimento moral – não poderão convolar núpcias o cônjuge sobrevivente com o condenado por homicídio ou tentativa de homicídio contra seu consorte.

3

Dos Impedimentos Matrimoniais e Causas Suspensivas para o Casamento

Conforme vimos, a *validade* e *eficácia jurídica* do matrimônio subordina-se a certas condições, cuja não observância poderá acarretar prejuízo moral e/ou patrimonial às partes e à prole eventual. Sem o preenchimento desses requisitos o casamento não poderá ser celebrado, sob pena de nulidade ou anulabilidade do ato.

Impedimento matrimonial não é o mesmo que *incapacidade para o casamento*, vez que o indivíduo *impedido* de se casar não é, necessariamente, *incapaz* de se casar. O sujeito pode ser *impedido* de se casar com outrem pelo parentesco, mas pode ser civilmente capaz de contrair núpcias com quem não tenha impedimento matrimonial.

Tome-se como exemplo a hipótese na qual dois indivíduos, maiores, capazes, de sexos opostos, pretendem convolar núpcias, quando descobrem ser irmãos que haviam sido separados quando crianças. Esse casamento não será celebrado porque as partes estão *impedidas* de se casar, mas isso não quer dizer que estes indivíduos não poderiam convolar núpcias com terceira pessoa. Já os menores de 12 anos, por exemplo, não podem se casar com ninguém porque são *incapazes* para o casamento.

O novo Código Civil brasileiro disciplina os *impedimentos matrimoniais* em seus arts. 1.521 e 1.522 e as *causas suspensivas* para o casamento nos arts. 1.523 a 1.532. Vejamos.

Impedimentos Matrimoniais

Impedimentos matrimoniais são impedimentos dirimentes e caracterizam-se por obstaculizar, por completo, a realização do matrimônio, que, se convolado sem que sejam observados, acarretará nulidade de pleno direito do casamento. Os impedimentos matrimoniais subdividem-se em:

Impedimento de Parentesco

Estão impedidos de convolar núpcias:

a. os ascendentes com os descendentes, seja o parentesco natural ou civil;
b. os afins em linha reta;
c. o adotante com quem foi cônjuge do adotado e o adotado com quem o foi do adotante;
d. os irmãos, sejam eles bilaterais ou unilaterais, e demais colaterais até o terceiro grau. A lei civil permite o casamento entre tio e sobrinha (colateriais de terceiro grau), desde que as partes submetam-se a exame pré-nupcial em que fique comprovado que o casamento não trará prejuízos aos consortes e à prole;
e. o adotado com o filho do adotante, e o cônjuge sobrevivente com o condenado por homicídio ou tentativa de homicídio contra seu consorte.

Por serem tais impedimentos absolutos e por se tratar de causas atinentes à instituição da família e à estabilidade social, poderão ser argüidos por qualquer pessoa capaz, até o momento da celebração do casamento. Igualmente, se o juiz ou o oficial tiverem conhecimento da existência de algum parentesco entre os nubentes, estarão obrigados, *ex officio*, a declará-lo.

Contudo, se o casamento foi realizado sem a observância desse preceito, seja por desconhecimento do juiz ou do oficial, seja por falta de argüição de qualquer pessoa capaz, este casamento será *nulo*.

Apenas para exemplificar algumas causas impeditivas do casamento, citemos o exemplo do ator e diretor cinematográfico Woody Allen, que, após sua separação de Mia Farrow, mãe adotiva de Soon-Yi, com esta convolou núpcias.[7] Pelas leis brasileiras esse casamento jamais seria permitido, por terem os nubentes impedimento descrito no inciso III do art. 1.521, que diz que não podem casar

> *"O adotante com quem foi cônjuge do adotado e o adotado com quem o foi do adotante".*

Por outro lado, pelo ordenamento jurídico pátrio, é possível que o viúvo convole núpcias com a irmã de sua falecida esposa, já que no inciso II do art. 1.521 do Código Civil proíbe apenas o casamento entre

> *"Os afins em linha reta".*

Dissolvido o matrimônio, dissolvem-se os laços de parentesco por afinidade em linha colateral.

Diferentemente, a ex-sogra jamais poderia se casar com seu ex-genro, ainda que divorciado de sua filha, pois aplicando-se o mesmo

---

[7] O ator e diretor Woody Allen e sua mulher Soon-Yi decidiram interromper por alguns minutos a lua-de-mel em Paris, cedendo ao forte assédio de um grupo de *paparazzi* franceses, admitindo uma sessão de fotografias na Place de La Concorde e garantindo como contrapartida uma certa privacidade nesses próximos dias. (...) O casal apareceu descontraído, disposto a não mais se esconder, mas respondendo com um "sem comentários" a toda pergunta sobre sua vida privada. A relação com Soon-Yi, filha adotiva de Mia Farrow, primeira mulher de Allen, provocou um escândalo internacional quando foi anunciada. (*Net Estado*, O Estado de São Paulo, 27/12/1997, Reali Júnior).

princípio, o vínculo por afinidade em linha reta não se desconstitui, mesmo após a dissolução da sociedade conjugal.

Impedimento de Vínculo

Esse tipo de impedimento matrimonial consiste na proibição do casamento de pessoa vinculada por casamento anterior, legalmente válido. Isso porque o Brasil segue o princípio da monogamia, estando completamente impedidas de contraírem novas núpcias as pessoas ligadas por matrimônio anterior válido.

A sanção imposta pela ordem civil para a infração ao impedimento de vínculo é a nulidade do segundo casamento, ainda que uma das partes esteja agindo de boa-fé. Assim, supondo-se que um homem casado convole novas núpcias com mulher solteira, esse casamento será nulo de pleno direito, não sendo possível a convalidação, qualquer que seja a hipótese.

Digamos que alguns anos após a celebração desse segundo casamento, a primeira esposa do homem casado venha a falecer. Ainda assim será nulo o segundo casamento, posto que, em se tratando de *ato* nulo, é inadmissível sua convalidação ou ratificação.

Impedimento de Crime

Não podem casar o sobrevivente com o condenado por homicídio ou tentativa de homicídio contra seu consorte. Aqui o legislador foi claro ao dispor que estarão impedidos para o matrimônio apenas aqueles que, por sentença transitada em julgado em Juízo Criminal, forem condenados pelo conjugicídio.

É bom lembrar que a referida proibição diz respeito apenas aos casos de homicídio doloso, pois o legislador repugna a atitude imoral do cônjuge sobrevivente. A leitura desse dispositivo leva-nos a crer que o impedimento não estaria presente se a vítima não falecesse e se esta e o cônjuge cúmplice viessem a se divorciar.

Causas Suspensivas para o Matrimônio

Como o próprio nome diz, não se trata de *causas impeditivas* para o casamento e, portanto, *não* acarretam *nulidade* do ato. Apenas ensejam a imposição de algumas sanções àqueles que não observarem certas determinações legais para sua celebração. Vejamos.

As causas suspensivas para a celebração do casamento dizem respeito aos interesses da prole anterior, seja para evitar a *turbatio sanguinis*, seja para evitar a confusão de patrimônio. Nesse sentido estabelece o art. 1.523 do novo Código Civil que não devem casar:

> "*I. o viúvo ou a viúva que tiver filho do cônjuge falecido, enquanto não fizer inventário dos bens do casal e der partilha aos herdeiros;*
> *II. a viúva ou a mulher cujo casamento se desfez por ser nulo ou ter sido anulado, até dez meses depois do começo da viuvez, ou da dissolução da sociedade conjugal*".

Será facultado à mulher viúva, ou àquela que teve seu casamento anulado, convolar novas núpcias, no período aludido e sem que haja a aplicação das sanções legais impostas pelo Código Civil, se comprovar a inexistência de gravidez.

> "*III. o divorciado, enquanto não houver sido homologada ou decidida a partilha dos bens do casal;*
> *IV. o tutor ou o curador e seus descendentes, ascendentes, irmãos, cunhados ou sobrinhos, com a pessoa tutelada ou curatelada, enquanto não cessar a tutela ou curatela e não estiverem saldadas as respectivas contas*".

É evidente que o interesse do legislador, quanto a esta causa suspensiva do casamento, foi a de manter a *integridade do patrimônio* dos filhos e dos menores ou incapazes enquanto estiverem sob o poder tutelar. Entretanto, é permitido aos nubentes solicitar ao juiz que não lhes sejam aplicadas tais sanções se comprovarem a inexistência de prejuízo.

Diferentemente das *causas impeditivas* que podem ser argüidas por qualquer pessoa capaz, as *causas suspensivas* do matrimônio somente poderão ser suscitadas por parentes em linha reta de um dos nubentes ou pelos colaterais em segundo grau, sejam eles consangüíneos ou afins.

Desse modo, a ex-sogra (cujos laços de parentesco por afinidade não se dissolveram com a extinção do primeiro casamento) poderá argüir a causa suspensiva da celebração de novo casamento se o nubente (seu ex-genro) tiver filhos comuns com sua finada filha e não houverem sido inventariados os bens do casal e atribuída a partilha aos herdeiros do primeiro casamento.

Não obstante as expressas proibições legais, caso os nubentes convolem núpcias em desacordo com o art. 1.523 do novo Código Civil, ser-lhes-á aplicada uma sanção patrimonial, de modo que o casamento seguirá o regime da separação obrigatória de bens, nos moldes do art. 1.641, I, do mesmo diploma legal.

4

Da Habilitação e Celebração do Casamento

Por ser o casamento um ato jurídico de suma importância social, e tendo em vista os efeitos por ele produzidos, imperiosa se faz a observação de algumas *formalidades preliminares*, de modo a realizá-lo com estrita observância das normas legais vigentes. Nesse sentido, o legislador preocupou-se em delimitar alguns requisitos imprescindíveis que deverão ser preenchidos pelos nubentes a fim de validar o matrimônio. O processo de habilitação desenrola-se perante o oficial do Registro Civil competente (que será o do domicílio de um ou de ambos os nubentes) e dar-se-á por meio do preenchimento, de próprio punho, pelo interessado ou por procurador munido de instrumento de mandato com poderes específicos, de requerimento de habilitação para o casamento.

Do Requerimento para Habilitação do Casamento

O requerimento de habilitação para o casamento será instruído com os seguintes documentos:

a. certidão de nascimento ou documento equivalente, que demonstrará a idade e a filiação dos nubentes;

b. autorização por escrito das pessoas sob cuja dependência estiverem os nubentes, ou do ato judicial que a supra. Nesse item podemos citar os casos de habilitação para casamento de nubentes menores de 18 (dezoito) anos e maiores de 16 (dezesseis), para os quais a lei exige o consentimento dos responsáveis legais, assim como para os demais casos onde a lei exija o suprimento do consentimento, como, por exemplo, os pródigos que estiverem sob curatela, os surdos-mudos, quando não puderem dar seu consentimento de modo inequívoco etc.;

c. a declaração de duas testemunhas maiores, parentes ou não, que atestem conhecê-los e afirmem não existir impedimento que os iniba de casar;

d. a declaração do estado civil, do domicílio e da residência atual dos contraentes e de seus pais, se forem conhecidos; e

e. outros documentos que se fizerem necessários, caso o interessado tenha convolado matrimônio anterior. A intenção do legislador é impedir que pessoas casadas convolem novas núpcias, que, além de crime previsto pelo Código Penal brasileiro, também é causa impeditiva da validade do casamento. Nesse caso serão exigidos os seguintes documentos: certidão de óbito, se o interessado for viúvo; sentença declaratória de nulidade ou de anulação de casamento, transitada em julgado; ou registro da sentença de divórcio.

Reza o art. 1.526 do Código Civil que

> *"A habilitação para o casamento será feita pelo oficial do Registro Civil e, após a audiência do Ministério Público, será homologada pelo juiz".*

Estando em ordem a documentação, o oficial extrairá o *edital de proclamas*, que se afixará durante 15 (quinze) dias nas circunscrições do Registro Civil de ambos os nubentes e, se houver imprensa local, far-se-á, obrigatoriamente, a publicação dos mesmos. Essa determinação legal deverá ser cumprida com o objetivo de conceder a terceiros a oportunidade de opor impedimentos matrimoniais aos nubentes, caso existam.

Tratando-se de um caso de extrema urgência (grave enfermidade, parto iminente), poderá a autoridade competente, após a oitiva do Ministério Público, para facilitar a habilitação ao matrimônio, dispensar a publicação dos *proclamas*, desde que estejam em ordem todos os documentos apresentados pelos nubentes.

Cumpridas as formalidades legais e verificada a inexistência de fato obstativo, o oficial do Registro Civil extrairá *Certidão de Habilitação*, que será válida pelo prazo de 90 (noventa) dias a contar da data de sua expedição.

Se, eventualmente, o casamento não vier a ser celebrado nesse período, a habilitação perderá sua eficácia e será imprescindível a realização de um novo procedimento para o casamento, com o preenchimento de todas as formalidades legais, expedindo-se novos proclamas etc., quando então será concedida nova *Certidão de Habilitação*, que valerá por outros 90 (noventa) dias.

O oficial do Registro Civil deverá esclarecer os nubentes, no momento da habilitação, a respeito dos fatos que poderão ocasionar a invalidade do casamento, assim como sobre os diversos regimes de bens.

Da Oposição de Impedimentos

Oposição, nas palavras do ilustre Orlando Gomes,[8] *"é o ato pelo qual alguém leva ao conhecimento do juiz a existência de determinado impedimento ao matrimônio de duas pessoas habilitadas a contraí-lo ou que, para esse fim, estejam se habilitando"*.

As pessoas legitimadas para a apresentação de oposição, quer quanto às causas impeditivas, quer quanto às causas suspensivas para o matrimônio, poderão manifestar-se mediante declaração escrita e assinada, instruída com provas do fato alegado ou com a indicação do lugar onde essas provas possam ser obtidas.

[8] GOMES, Orlando. *Direito de família*. 14. ed. rev. e atual. por Humberto Theodoro Júnior. 3. tir. Rio de Janeiro: Forense, 2002. p. 102.

Conforme se vê, o processo de oposição está sujeito ao cumprimento de formalidades rigorosas, com o fim de evitar abusos. Assim, logo após o recebimento da oposição, o oficial do Registro Civil informará aos nubentes sua interposição, indicando-lhes os fundamentos, as provas e o nome de quem as ofereceu.

Se houver requerimento por parte dos nubentes, o oficial dar-lhes-á prazo para que façam prova contrária aos fatos alegados. Sendo assim, haverá o adiamento do casamento até que seja decidido se há ou não impedimento para sua celebração.

Se julgada *procedente* a oposição, o casamento *não* poderá ser celebrado enquanto persistir o impedimento. Se um dos interessados, por exemplo, já era casado, deverá provar o divórcio antes de convolar novas núpcias.

Se julgada *improcedente* a oposição, estará vencido o obstáculo para o casamento, assistindo aos interessados o direito de processar, civil e criminalmente, o opoente de má-fé.

Da Celebração do Casamento

A celebração do casamento é um ato complexo que se inicia com o processo de habilitação e culmina com a lavratura do ato em livro próprio do Cartório de Registro Civil competente. Entretanto, há que se dizer que a *habilitação* e a *celebração do casamento* são institutos inconfundíveis, tendo aquele o caráter de atos preparatórios deste, ao qual antecede.

Assim, constitui o casamento um *ato solene*, cuja celebração deverá seguir certos rigores formais da lei, sob pena de inexistência. A cerimônia celebrar-se-á no dia, hora e lugar previamente designados pela autoridade competente, mediante petição dos contraentes habilitados.

A solenidade tanto pode se dar na sede do Registro Civil quanto em outro local, se assim requererem os nubentes e consentir a autoridade celebrante. Entretanto, em quaisquer dos casos, é imprescindível o preenchimento dos seguintes requisitos para que a celebração do casamento seja considerada válida:

a. *a publicidade* – a cerimônia deverá ocorrer a portas abertas, seja na própria sede do Cartório de Registro Civil, seja noutro edifício público ou particular. A publicidade do ato é essencial para a validade do casamento, sob pena de sofrer impugnações ou até mesmo ser considerado clandestino;

b. *testemunhas* – deverão presenciar a celebração do casamento testemunhas, parentes ou não dos contraentes. Quando a cerimônia ocorrer na sede do Cartório de Registro Civil estarão presentes pelo menos 2 (duas) testemunhas; quando ocorrer noutro edifício, público ou particular *e* os contraentes não souberem, ou não puderem assinar, deverão estar presentes pelo menos 4 (quatro) testemunhas;

c. *autoridade competente* – estando presentes os *contraentes* (em pessoa ou por seus procuradores, munidos de instrumento de mandato com poderes especiais), as *testemunhas* e o *oficial do Registro*, a *autoridade competente* iniciará a celebração do casamento, perguntando aos nubentes se é por livre e espontânea vontade que pretendem se casar. Em ouvindo a resposta afirmativa, declarará efetuado o casamento proferindo os dizeres da lei, art. 1.535, *in fine*:

> *"De acordo com a vontade que ambos acabais de afirmar perante mim, de vos receberdes por marido e mulher, eu, em nome da lei, vos declaro casados".*

O casamento considera-se formalizado no momento em que os nubentes, afirmando sua vontade perante a *autoridade competente*, são por ela declarados casados. Portanto, a presença e a celebração do casamento pela autoridade competente é condição *sine qua non* para sua validade.

Para que o casamento seja válido, não basta apenas o consentimento dos nubentes; será necessário também que a autoridade profira a *fórmula sacramental* descrita no art. 1.535 do Código Civil. Uma vez proferida essa fórmula pela autoridade competente, estará celebrado o matrimônio e, ainda que um dos nubentes venha a se arrepender posteriormente, tal arrependimento não produzirá efeito algum.

Deste modo, a presença da autoridade competente e o consentimento dos nubentes são imprescindíveis para a celebração do casamento válido. Contudo, em algumas situações extremas, quando não seja possível a habilitação prévia ou o cumprimento das formalidades legais acima referidas, a legislação brasileira tratou o assunto de maneira excepcional, o que se depreende do teor dos arts. 1.539 e seguintes do Código Civil.

Trata-se de casamentos celebrados no *local* onde estiver o nubente quando este padecer de moléstia grave, *sem* a presença da *autoridade competente*, cuja

> *"A falta ou impedimento da autoridade competente para presidir o casamento suprir-se-á por qualquer dos seus substitutos legais, e a do oficial do Registro Civil por outro* ad hoc, *nomeado pelo presidente do ato".*

A esse tipo de casamento dá-se o nome de *casamento nuncupativo*, cuja validade só será aferida após sua celebração, desde que cumpridos os requisitos legais previstos pela legislação brasileira.

Da Suspensão da Cerimônia de Celebração do Casamento

A cerimônia de celebração do casamento será imediatamente suspensa:

a. se algum dos contraentes recusar solenemente a afirmação de sua vontade;
b. se algum dos contraentes declarar que sua vontade não é livre e espontânea;
c. se algum dos contraentes manifestar-se arrependido;
d. se os pais ou o tutor retratarem-se quanto ao consentimento dado ao menor para o casamento; ou
e. se houver oposição sobre impedimento ao casamento.

Nas três primeiras hipóteses será suspensa a cerimônia porque o consentimento é o elemento volitivo que integra um dos pressupostos de *existência jurídica* do casamento. Assim, se qualquer dos nubentes negar a afirmação de seu consentimento ou mostrar-se arrependido para o ato, estará o oficial obrigado a suspender a celebração do casamento. Por outro lado, é vedado àquele que deu causa à suspensão da celebração do ato retratar-se no mesmo dia.

Do Registro do Casamento

Após a celebração do matrimônio, lavrar-se-á o assento no livro de registro de matrimônio do Cartório de Registro Civil, que deverá conter:

a. as assinaturas do presidente do ato, dos cônjuges, das testemunhas e do oficial do Registro;
b. a qualificação completa de cada contraente (nome, sobrenome, data de nascimento, profissão, domicílio e residência atual);
c. as qualificações completas dos pais dos nubentes;
d. o nome e o prenome do cônjuge precedente e a data da dissolução do casamento anterior;
e. a data da publicação dos proclamas e da celebração do casamento;
f. a relação dos documentos apresentados ao oficial do Cartório de Registro Civil;
g. os nomes, sobrenomes, profissões, domicílios e residências das testemunhas;
h. o regime de bens adotado pelos nubentes. Se o regime adotado não for o da comunhão parcial ou o da separação obrigatória de bens, legalmente estabelecida, deverá constar no *Termo de Registro de Casamento* a declaração da data e do Cartório em cujas notas foi lavrada a *escritura antenupcial*;
i. o nome adotado pelos nubentes após a celebração do casamento. Cumpre lembrar que, além da opção da mulher pela adoção do nome de família do marido, de acordo com disposição do novo Có-

digo Civil, o cônjuge varão também poderá optar pela adoção do sobrenome de sua esposa.

Das Provas do Casamento

O casamento celebrado no Brasil prova-se pela *Certidão de Registro*. Contudo, esse registro não é formalidade essencial para a validade do casamento. Isso porque, se não houve a lavratura do assento ou se os livros do Cartório do Registro Civil onde foi celebrado o matrimônio acabaram se deteriorando com o tempo, nem por isso os consortes deixam de ser considerados casados, hipótese em que se admite a comprovação do casamento por meios judicialmente válidos, tais como documentos de identidade em geral onde se menciona, expressamente, a condição de casados.

Justificada a falta ou perda do registro civil, é admissível qualquer outra espécie de prova para demonstrar a celebração do casamento. É evidente que não se trata da simples perda material da *Certidão do Registro*, cuja segunda via poderá ser perfeitamente obtida por meio de requisição ao Cartório de Registro Civil onde foi celebrado o matrimônio, mas sim da falta ou perda do registro civil em si mesmo.

A Posse do Estado de Casados

A prova subsidiária poderá ser igualmente realizada com a comprovação da *posse do estado de casados* se por outros meios não foi possível a obtenção de prova inequívoca. Muito embora conceda o legislador essa espécie de prova para o casamento, faz-se necessário interpretá-la com um certo cuidado e restringir-lhe a aplicação para os casos em que somente se necessite um *reforço* da prova da celebração.

Nas palavras do ilustre Orlando Gomes,[9] *"a posse de estado é a melhor prova do casamento, quando tem cunho confirmatório. Não é*

[9] GOMES, Orlando. *Direito de família*. 14. ed. rev. e atual. por Humberto Theodoro Júnior. 3. tir. Rio de Janeiro: Forense, 2002. p. 115.

suficiente, contudo, se desacompanhada de outra prova da celebração, pois, do contrário, o concubinato poderia converter-se em casamento".

A prova do casamento das pessoas que viviam na *posse do estado de casadas* será requerida pelos seus filhos, quando um ou ambos os consortes não possam manifestar sua vontade ou tiverem falecido. Esse casamento não poderá ser contestado em prejuízo da prole comum, salvo se o interessado comprovar, mediante certidão do Registro Civil, que alguma das partes já era casada quando contraiu o matrimônio que se busca provar.

Quando a prova da celebração legal do casamento resultar de processo judicial, o registro da sentença no livro do Registro Civil produzirá, tanto no que toca aos cônjuges quanto no que respeita aos filhos, todos os efeitos civis desde a data do casamento.

Apenas à guisa de elucidação, a sentença que reconhece o casamento válido retroage à data da celebração. Já a sentença proferida em ação de conversão de união estável em casamento surtirá efeitos a partir da data em que foi a prolação.

In Dubio Pro Matrimonio

Quando houver dúvida entre as provas favoráveis e as contrárias sobre a celebração do casamento, o magistrado julgará pela realização deste, se os cônjuges vivem ou tenham vivido na posse do estado de casados.

É preciso que se frise, contudo, que a *posse do estado de casados* não confere a condição de casamento àqueles que não o convolaram, mas apenas constitui meio de prova para que os cônjuges efetivamente casados vejam declarada essa condição. É a regra: *in dubio pro matrimonio*.

5

Da Invalidade do Casamento

O legislador ocupou-se em tratar das nulidades e anulabilidades do casamento nos arts. 1.548 a 1.564 do novo Código Civil, prevendo taxativamente cada uma das hipóteses e suas conseqüências. Isso porque, sendo o casamento um ato que interessa tanto aos nubentes quanto à sociedade, a ele não poderão ser aplicadas as mesmas regras a que estão subordinadas as relações jurídicas obrigacionais ou patrimoniais. Assim, o sistema de nulidade, em matéria de casamento, não se confunde com o sistema de nulidade relativo aos atos jurídicos em geral: *não* há nulidades virtuais no casamento, mas somente nulidades expressas ou textuais. Vejamos.

Dos Casamentos Inexistentes

Com grande saber ilustra Orlando Gomes[10] que *"a teoria da inexistência do casamento foi construção doutrinária destinada a explicar situações*

[10] GOMES, Orlando. *Direito de família*. 14. ed. rev. e atual. por Humberto Theodoro Júnior. 3. tir. Rio de Janeiro: Forense, 2002. p. 119.

nas quais não se justificava tecnicamente a aplicação da teoria das nulidades. Inspirou-se a necessidade de concluir pela absoluta ineficácia de casamento para os quais não previa a lei, expressamente, sanção alguma, como o de pessoas do mesmo sexo".

Conforme se vê, aqueles que defendem a teoria do casamento inexistente fundamentam suas teses no fato de que faltaria um pressuposto necessário à existência jurídica do matrimônio, ou seja, um elemento constitutivo essencial. Não se encaixariam em casos de *nulidade* de casamento, porque o Código Civil brasileiro prevê apenas as nulidade textuais.

O casamento inexistente, ao contrário do casamento nulo ou anulável, não prescinde de declaração de invalidade por sentença judicial. Supondo-se que duas pessoas, de sexo opostos, casem-se na igreja e não registrem o matrimônio no Cartório de Registro Civil, este casamento é *inexistente* e se, porventura, um dos dois vier a casar com outra pessoa, não será bigamia nem haverá invalidade do segundo casamento, pois o primeiro nunca existiu.

Em linhas gerais, segundo ensinamentos de Silvio Rodrigues[11], *"a admissão do casamento inexistente, como realidade que ultrapassa a nulidade, conduz a algumas conseqüências: – a inexistência pode ser reconhecida incidentemente em qualquer processo, não dependendo, como a nulidade, de ação ordinária específica com participação obrigatória do Curador de Vínculo; – a putatividade que se pode reconhecer ao casamento nulo ou anulável, no caso de boa-fé de um ou de ambos os cônjuges, não tem lugar no casamento inexistente; – os pseudocônjuges do casamento inexistente podem convolar novas núpcias sem necessidade de anular o precedente".*

Do Casamento Nulo

Logo no início deste capítulo já havíamos dito que a teoria geral das nulidades não se aplica ao campo do direito matrimonial. Assim, só

[11] RODRIGUES, Silvio. *Direito civil* – Direito de família. 23. ed. São Paulo: Saraiva, 1998. p. 76-77.

serão considerados nulos ou anuláveis eventuais casamentos celebrados com infração aos arts. 1.548 e seguintes do novo Código Civil.

As nulidades do casamento no sistema jurídico brasileiro guardam estrita observância com os impedimentos matrimoniais, de modo que todo ato celebrado com inobservância das disposições do art. 1.521 do Código Civil tornará o casamento nulo. Mas nem todo casamento nulo advirá de uma causa impeditiva. Passemos, pois, à análise de cada uma das hipóteses de nulidade do casamento.

Das Hipóteses de Nulidade de Casamento

Será nulo o casamento se contraído: por enfermo mental sem o necessário discernimento para os atos da vida civil; ou por infringência de impedimento.

Da Nulidade do Casamento Contraído por Enfermo Mental sem o Necessário Discernimento para os Atos da Vida Civil

Os enfermos mentais sem o necessário discernimento para os atos da vida civil distinguem-se dos incapazes por suas próprias condições intrínsecas, já que a incapacidade do enfermo mental é apenas uma das conseqüências de sua enfermidade.

A incapacidade, sendo uma restrição legal ao exercício dos atos da vida civil, cessa com o preenchimento de algum dos requisitos do art. 5º do Código Civil. Diferentemente, o enfermo mental padece de uma *incapacidade insanável*, que atinge seu intelecto de tal modo que ele nunca deixará de sê-lo, impedindo-o de discernir os atos de sua vida civil.

Assim, muito prudentemente agiu o legislador incluindo no rol de nulidades de casamento aquele eventualmente contraído pelo enfermo mental sem capacidade para o discernimento de seus atos.

Da Nulidade do Casamento Contraído com Infringência de Impedimento

Os impedimentos matrimoniais descritos no art. 1.521 do novo Código Civil também são causas de nulidade de casamento, uma vez que o ordenamento jurídico, com o intuito de preservar o interesse público, a constituição da família e a estabilidade social, estabeleceu que estão impedidos de casar:

> *"I. os ascendentes com os descendentes, seja o parentesco natural ou civil;*
> *II. os afins em linha reta;*
> *III. o adotante com quem foi cônjuge do adotado e o adotado com quem o foi do adotante;*
> *IV. os irmãos, unilaterais ou bilaterais, e demais colaterais, até o terceiro grau inclusive;*
> *V. o adotado com o filho do adotante;*
> *VI. as pessoas casadas;*
> *VII. o cônjuge sobrevivente com o condenado por homicídio ou tentativa de homicídio contra seu consorte."*

Se estes impedimentos forem infringidos, o casamento será nulo.

Da Legitimidade para Requerer a Nulidade do Casamento

As nulidades do casamento assentam-se na violação de princípios de ordem pública, causando a invalidade do ato. Por isso mesmo, a *ação de nulidade de casamento* seguirá o rito ordinário e poderá ser promovida por qualquer interessado, entendendo-se aqueles que tenham *interesse moral* na dissolução do vínculo (os próprios consortes, seus ascendentes, descendentes, irmãos etc.), *interesse econômico* (filhos do leito anterior, colaterais sucessíveis dos cônjuges etc.) ou *interesse social* (Ministério Público).

Por sua característica singular, qual seja o impedimento para a validade da relação jurídica havida entre as partes, a sentença proferida em ação de nulidade de casamento será *meramente declaratória*, pois limitar-se-á a reconhecer um fato que torna inválido o casamento desde sua celebração. Além disso, a ação para a declaração de casamento nulo é *imprescritível*.

Os efeitos da sentença que declara a nulidade do casamento serão *ex tunc*, ou seja, retroagirão à data da celebração, sem prejudicar, contudo, a aquisição de direitos por terceiros de boa-fé.

Do Casamento Anulável

Ao contrário das causas de nulidade do casamento (que atingem, de maneira direta, os princípios que regem a estrutura da sociedade), a anulabilidade do matrimônio diz respeito apenas aos interesses particulares dos sujeitos nele envolvidos, de modo que o legislador confere, para tais hipóteses, a prerrogativa ao próprio interessado quanto à requisição ou não da anulabilidade do ato.

O casamento anulável não representa ameaça à ordem jurídica. Desse modo, se aquele que tinha legitimidade para requerer a anulação não o fez, num determinado espaço de tempo, o casamento convalescerá e ganhará validade, não mais podendo ser infirmado por quem quer que seja.

Com oportuno saber afirma Orlando Gomes[12] que *"as causas determinantes da anulabilidade são de índole subjetiva. Desse modo, o direito de propor a ação anulatória se atribui a um dos cônjuges como um remédio para paralisar os efeitos do casamento defeituosamente contraído. Oferecida no interesse particular, seu uso é limitado, porque a permanência do vínculo matrimonial deve sobrepor-se à conveniência pessoal de o invalidar"*.

---

[12] GOMES, Orlando. *Direito de família*. 14. ed. rev. e atual. por Humberto Theodoro Júnior. 3. tir. Rio de Janeiro: Forense, 2002. p. 126.

DAS HIPÓTESES DE ANULABILIDADE DE CASAMENTO

As causas de anulabilidade do casamento encontram-se descritas no art. 1.550 do Código Civil, que determina ser anulável o casamento se contraído:

a. por quem não completou a idade mínima para casar (16 anos);
b. por menor em idade núbil (maior de 16 e menor de 18 anos) quando não autorizado por seu representante legal;
c. com vício de vontade (erro essencial ou coação);
d. pelo incapaz de consentir ou manifestar, de modo inequívoco, o consentimento;
e. pelo mandatário, sem que ele ou o outro contraente soubesse da revogação do mandato, e não sobrevindo coabitação entre os cônjuges; ou
f. por incompetência da autoridade celebrante.

Da Anulabilidade do Casamento por Idade dos Nubentes

Aparentemente os dois primeiros incisos do art. 1.550 do Código Civil parecem tratar da mesma matéria, qual seja as conseqüências do casamento celebrado entre menores de 18 (dezoito) anos. Entretanto, o legislador, ao dispor no inciso I do artigo que é anulável o casamento

"De quem não completou a idade mínima para casar",

intentou proteger aqueles que *sequer* chegaram à idade núbil, ou seja, os menores de 16 (dezesseis) anos.

Por outro lado, são *menores em idade núbil* os maiores de 16 (dezesseis) e menores de 18 (dezoito) anos, cujo casamento só será válido se houver autorização de seus representantes legais ou suprimento judicial, sem os quais o casamento será anulável.

Em quaisquer dos casos, tratou o legislador, no art. 1.551, de dispor que

> *"Não se anulará, por motivo de idade, o casamento de que resultou gravidez".*

É evidente que a exceção prevista neste artigo busca proteger a existência de um lar constituído para acolher a criança advinda do relacionamento dos nubentes, ou seja, para preservar os interesses da criança que necessitará de um ambiente adequado para se desenvolver.

Para a propositura da ação de anulação de casamento, no caso de *menor de 16 anos*, serão legítimos seus representantes legais ou ascendentes e a ação deverá ser proposta no prazo de 180 (cento e oitenta) dias, a contar da data da celebração do casamento.

O próprio consorte, quando menor de 16 (dezesseis) anos, poderá requerer a anulação de seu casamento, no prazo de 180 (cento e oitenta) dias, a contar da data em que o menor atingiu essa idade. Assim, supondo-se que o casamento tenha ocorrido quando o menor tinha 14 (quatorze) anos, o prazo decadencial de 180 (cento e oitenta) dias para que ele proponha a ação de anulação começará a contar da data em que completar 16 anos.

Por outro lado, o art. 1.553 estabelece que

> *"O menor que não atingiu a idade núbil poderá, depois de completá-la, confirmar seu casamento, com a autorização de seus representantes legais, se necessária, ou com suprimento judicial".*

No caso do *menor em idade núbil (maior de 16 e menor de 18 anos)*, o casamento, quando não autorizado pelo representante legal, poderá ser anulado:

a. por iniciativa do próprio incapaz – no prazo de 180 (cento e oitenta) dias a contar da data em que cessou sua incapacidade. Aqui vale lembrar a disposição do art. 5º, parágrafo único, II, do Código Civil, que assim dispõe:

> *"Cessará, para os menores, a incapacidade:*
>
> *II. pelo casamento".*

Portanto, entendemos que o prazo decadencial para a propositura da ação de anulação de casamento contará da mesma data, tanto para o menor quanto para seu representante legal, ou seja, da celebração do casamento. Pelo menos, é o que se infere na interpretação deste dispositivo legal;

b. *por seu representante legal* – no prazo de 180 (cento e oitenta) dias a contar da data da celebração do casamento. Contudo, não será passível de anulação o casamento do menor em idade núbil quando os representantes legais do incapaz houverem assistido à celebração ou manifestado, de qualquer modo, sua aprovação;

c. *por seus herdeiros necessários* – no prazo de 180 (cento e oitenta) dias a contar da morte do incapaz.

Do Casamento Anulável por Vício de Vontade nos Termos dos Arts. 1.556 a 1.558 (Erro Essencial ou Coação)

Ocupou-se o legislador em disciplinar a *anulabilidade* do casamento contraído, conforme disposto no art. 1.556

> *"por vício da vontade, se houve por parte de um dos nubentes, ao consentir, erro essencial quanto à pessoa do outro".*

Erro essencial

O *erro essencial* a que alude o legislador pátrio, para ensejar a anulação do casamento, diz respeito tão somente à pessoa do outro cônjuge e desde que o descobrimento desse *erro* torne insuportável a vida conjugal após sua constatação pelo cônjuge enganado.

Nesse sentido, estabelece como sendo *erro essencial* quanto à pessoa do outro cônjuge:

a. aquele que diz respeito à identidade, à honra e à boa fama do indivíduo;

b. a ignorância sobre crime praticado pelo indivíduo antes do casamento e desde que o cônjuge enganado desconhecesse o fato da vida pregressa de seu consorte;

c. a ignorância, anterior ao casamento, de defeito físico irremediável ou de moléstia grave e transmissível, pelo contágio ou por herança, capaz de pôr em risco a saúde do outro cônjuge ou de sua prole; ou

d. a ignorância, anterior ao casamento, de doença mental grave.

Não se pode esquecer, entretanto, que as circunstâncias que eventualmente constituam o erro sobre o qual busca um dos consortes a anulação do casamento, devem ser *preexistentes* e conhecidas somente *após* o matrimônio.

Assim, se os fatos desabonadores ocorreram depois da celebração do casamento ou se estes já eram conhecidos pelo outro cônjuge antes de sua celebração, não se justificaria a anulação do casamento por erro essencial quanto à pessoa.

Apenas para ilustrar, citaremos alguns exemplos.

A casa-se com *B* imaginando ser ele uma pessoa de boa índole e de bons costumes. Após o casamento, descobre que *B* é um terrorista, foragido da polícia, que forjou uma identidade falsa e alterou seus documentos para se fazer passar por outra pessoa. A descoberta dessa verdadeira identidade de *B* torna a vida conjugal insuportável, motivo pelo qual esse casamento seria anulável, desde que *A* ingressasse com a ação anulatória no período de 3 (três) anos, a contar da data da celebração do casamento.

C é portador da Síndrome de Imunodeficiência Adquirida (AIDS) e, desde o início de seu relacionamento com *D*, informa-a sobre sua enfermidade. Passado algum tempo, ambos vêm a convolar núpcias. Nesse caso, não será anulável este casamento, ainda que a vida conjugal se torne insuportável pelas próprias limitações a que estarão sujeitos os cônjuges. *D* já era conhecedora do mal de que padecia seu consorte, antes da celebração do ato e mesmo assim com ele se casou.

A *legitimidade* para a propositura de ação anulatória de casamento em face de erro essencial quanto à pessoa do outro é *exclusiva do cônjuge enganado*, e o prazo será de 3 (três) anos, a contar da data da celebração do casamento. Havendo coabitação entre os cônjuges após o conhecimento do vício, valida-se o casamento, exceto se o erro essencial incidir sobre defeito físico irremediável, moléstia grave e doença mental grave, nos termos dos incisos III e IV do art. 1.557 do Código Civil.

Coação

Será anulável o casamento em virtude de coação quando o consentimento de um ou de ambos os cônjuges tenha sido obtido mediante fundado temor de mal considerável e iminente para a vida, a saúde e a honra do próprio consorte ou de seus familiares.

O casamento é o maior dos atos jurídicos envolvendo duas pessoas e, para que não haja defeito na sua formação, mister se faz a manifestação livre e consciente dos nubentes. E se houver algum vício nessa manifestação de vontade, o casamento será passível de anulação.

Contudo, é impossível, pela própria natureza humana, estabelecer uma medida para a verificação do grau de incidência da violência moral, de modo a criar um "parâmetro" que possibilite constatar a coação.

Assim, para que o vício no consentimento do nubente seja considerado coação, a ponto de ensejar a anulação do casamento, deverá este ser apreciado concretamente, atendendo às circunstâncias peculiares ao sexo, à idade, às condições socioculturais, à profissão e demais circunstâncias que envolvem a suposta vítima.

Deverá o magistrado, desse modo, apreciar o pedido de anulação de casamento baseado em coação levando em conta critérios subjetivos que entender aplicáveis ao caso concreto, analisando todas as facetas e circunstâncias, a fim de afirmar ou não a existência de coação como vício do ato consensual.

É evidente que um pedido de anulação de casamento de moça inexperiente, sem estudo, residente no interior do Brasil, deverá ser apreciado de maneira diversa do pedido de anulação de casamento formulado por moça instruída, com formação universitária, residente em uma das grandes capitais do país. Esses critérios objetivos deverão ser levados em conta para que se verifique, com a máxima cautela, se realmente houve ou não coação, e se este vício ensejaria a anulação do casamento.

A legitimidade para a propositura de ação de anulação de casamento baseada em *coação* é *exclusiva do cônjuge coagido*, e o prazo para sua propositura será de 4 (quatro) anos, a contar da data da celebração do casamento.

Do Casamento Anulável por Incapacidade de Consentimento ou Manifestação Inequívoca deste Consentimento

A anulação do casamento contraído por pessoa incapaz de consentir ou manifestar de maneira inequívoca seu consentimento guarda correspondência com a atividade volitiva do agente, ou seja, aquele que manifesta sua vontade em convolar núpcias, mas não tinha completa capacidade para fazê-lo, de modo que o casamento poderá ser anulado no prazo de 180 (cento e oitenta) dias, a contar da data da celebração.

Poderia ser anulado o casamento se celebrado quando um dos consortes estivesse sob efeitos de uma hipnose, por exemplo. Nesse caso, ainda que a pessoa fosse maior, capaz para os atos da vida civil, desimpedida civilmente, o casamento seria anulável, pois a pessoa não estava em perfeito domínio de seus atos para manifestar seu consentimento.

Do Casamento Anulável Realizado por Mandatário sem Poderes para o Ato

Uma outra hipótese de anulação verifica-se quando o casamento é realizado por mandatário, com procuração por instrumento público, mas cujos poderes haviam sido revogados pelo mandante, sem que ele, ou o outro contraente, soubesse da revogação do instrumento.

Nesse sentido, é bom lembrar que o legislador equipara essa revogação à sentença judicial que decretar a invalidade da procuração outorgada para o fim específico do casamento. Eis, conforme dispõe o parágrafo único do art. 1.550 do Código Civil,

> *"Equipara-se à revogação a invalidade do mandato judicialmente decretada".*

A anulação do matrimônio, nesses casos, só será permitida se não sobrevier coabitação entre os cônjuges. O prazo prescricional para o pedido de anulação é de 180 (cento e oitenta) dias a contar da data em que o mandante tomou conhecimento da celebração do matrimônio.

Do Casamento Anulável Celebrado por Autoridade Incompetente

A derradeira hipótese de anulação do casamento é aquela que concede ao interessado a possibilidade de anular o ato em face da incompetência da autoridade celebrante.

O legislador, ao estabelecer essa norma, baseou-se na incompetência *relativa* da autoridade celebrante, porque se se tratasse de incompetência *absoluta*, o casamento seria inexistente e não anulável.

É autoridade *absolutamente incompetente* para celebrar matrimônio aquela pessoa sem a investidura necessária para a realização deste ato. Por exemplo, um Delegado de Polícia. Por outro lado, serão *relativamente incompetentes* aqueles que, embora investidos de autoridade, não são competentes para a celebração do casamento porque não pertencem ao Cartório de Registro Civil do domicílio dos nubentes.

Para essa segunda hipótese o novo Código Civil, em seu art. 1.554, estabelece que

> *"Subsiste o casamento celebrado por aquele que, sem possuir a competência exigida na lei, exercer publicamente as funções de juiz de casamentos e, nessa qualidade, tiver registrado o ato no Registro Civil".*

Assim, embora a autoridade celebrante fosse relativamente incompetente para a celebração do casamento, este será válido se registrado nos livros próprios. Este é também o entendimento dos Tribunais brasileiros, conforme se vê:

> *"A incompetência* ratione loci *é relativa, ao passo que só a absoluta anularia o casamento. Casamento realizado por juiz de paz na sua jurisdição não é nulo ou inexistente tão somente porque os nubentes não residiam na sua circunscrição*

pois, em princípio, tem o poder legal de realizar casamentos. Diferente seria a solução se a autoridade celebrante não fosse apta, em tese, a proceder aos casamentos. A matéria concerne à irregularidade ou impedimento e não a impedimento dirimente: impdiunt fieri; facta tenent".[13]

O prazo prescricional para a anulação de casamento celebrado por autoridade incompetente é de 2 (dois) anos, a contar da data de sua celebração.

Das Conseqüências do Casamento Nulo ou Anulável

Como não poderia deixar de ser, o legislador previu casos onde o casamento, embora contraído com inobservância das disposições legais, produz alguns efeitos até a data da prolação da decisão declaratória de nulidade ou de anulação do casamento, seja em relação aos próprios consortes, seja em relação a eventual prole dele advinda.

Diz-se *putativo* o casamento celebrado com inobservância de circunstâncias capazes de validar do ato. Assim, embora ilegítimo ou anulável o ato jurídico, é este objeto de suposição de legitimidade fundada na boa-fé dos contraentes. Declarado putativo o casamento, seja ele nulo ou anulável, permanecem válidos seus efeitos civis, desde a data da celebração até o momento da sentença anulatória.

Conforme se vê, embora nulo ou mesmo anulável o casamento contraído com inobservância das disposições legais, o legislador atribui-lhe alguns efeitos em conformidade com a intenção dos cônjuges, quais sejam:

a. *boa-fé de ambos os cônjuges* – se houver sido contraído de boa-fé, por ambos os consortes, o casamento, em relação a estes e aos seus filhos,

[13] BRASIL. Tribunal de Justiça do Estado de São Paulo, 2ª Câmara Civil. Apelação Cível 172.394– SP. Relator: Desembargador Toledo Piza. São Paulo, 15 de outubro de 1968.

produzirá todos os efeitos até a data da sentença que proferir a nulidade;

b. *boa-fé de apenas um dos cônjuges* – se apenas um dos cônjuges estava de boa-fé ao celebrar o casamento, seus efeitos civis só a ele e aos filhos aproveitarão;

c. *má-fé de ambos os cônjuges* – se ambos os cônjuges estavam de má-fé ao celebrar o casamento, seus efeitos civis só aos filhos aproveitarão.

DOS EFEITOS DA SENTENÇA PROFERIDA EM AÇÃO DE NULIDADE OU ANULAÇÃO DE CASAMENTO

Enquanto a *ação anulatória* de casamento visa obter uma *sentença constitutiva* a fim de aniquilar o casamento daquela data em diante (efeitos *ex nunc*), a *ação de nulidade* de casamento visa ao reconhecimento de uma situação objetiva que invalida o casamento desde sua celebração (efeitos *ex tunc*), tendo portanto a natureza de *sentença declaratória*.

Tomemos um exemplo. Supondo-se que dois irmãos, de sexos distintos, separados ainda quando crianças, venham a se encontrar depois de adultos e convolem núpcias, sem conhecimento de que são irmãos. Esse casamento será nulo, vez que celebrado com infração ao disposto no art. 1.521, IV, do Código Civil. Portanto, a sentença declaratória de nulidade retroagiria à data de sua celebração, extirpando o vínculo entre os consortes.

Se, por outro lado, a causa ensejadora da *ação de anulação* de casamento fosse, por exemplo, um vício de vontade, a sentença desconstitutiva geraria seus efeitos da data de sua prolação em diante.

Por fim, cumpre frisar que o art. 1.563 estabelece que

> *"A sentença que decretar a nulidade do casamento retroagirá à data da sua celebração, sem prejudicar a aquisição de direitos, a título oneroso, por terceiros de boa-fé, nem a resultante de sentença transitada em julgado"*

e o art. 1.562 explicita que

"Antes de mover a ação de nulidade do casamento, a de anulação, a de separação judicial, a de divórcio direto ou a de dissolução de união estável, poderá requerer a parte, comprovando sua necessidade, a separação de corpos, que será concedida pelo juiz com a possível brevidade".

Das Conseqüências da Anulação de Casamento

Quando o casamento for anulado por culpa de um dos cônjuges, este incorrerá: na perda de todas as vantagens havidas do cônjuge inocente; na obrigação de cumprir as promessas que lhe fez no contrato antenupcial.

Dos Efeitos Jurídicos do Casamento

Antes de ingressarmos no estudo dos efeitos jurídicos do casamento propriamente dito, vale lembrar o que dita o Código Civil, ao estabelecer, na abertura do Livro IV (Do Direito de Família), art. 1.511, que

"O casamento estabelece comunhão plena de vida, com base na igualdade de direitos e deveres dos cônjuges".

A expressão *comunhão plena de vida* pressupõe a reciprocidade de atos entre os consortes para a assistência moral, espiritual e financeira mútuas, bem como o auxílio recíproco na persecução de interesses individuais e na realização de interesses comuns.

Das Faculdades dos Consortes com a Celebração do Casamento

O legislador, na medida em que impõe aos consortes certos *deveres* do casamento, também outorga-lhes algumas *faculdades*. Sobre aqueles, trataremos mais adiante. Em relação às faculdades concedidas aos consortes com o casamento temos:

a. a possibilidade da adoção do sobrenome do outro; e
b. a livre decisão sobre o planejamento familiar.

Adoção do Sobrenome do Outro Cônjuge

O atual Código Civil, em seu art. 1.565, § 1º, preleciona que qualquer dos nubentes, se assim quiser, poderá acrescentar ao seu nome o sobrenome do outro. Diferentemente do Código revogado, a legislação brasileira atual estendeu essa *faculdade* a ambos os nubentes. Frise-se, contudo, que se trata de uma *faculdade* e não de uma obrigação.

Clóvis Beviláqua,[14] ao comentar o artigo do antigo Código que versava sobre a adoção, pela esposa, do sobrenome do marido, afirmava que *"o fato de esta adquirir o nome do marido, não importa em ficar a sua personalidade absorvida. Antes de tudo, esta adoção de nome é um costume, a que a lei deu guarida, e deve ser compreendido como exprimindo a comunhão de vida, a transfusão das almas dos dois cônjuges"*.

Assim, entendemos que, caso haja a intenção das partes em adotar o sobrenome do outro, essa decisão subjetiva seria enquadrada na "*comunhão plena de vida*" a que alude o legislador no artigo inicial sobre o casamento e que, com grande poeticidade, foi traduzida pelo ilustre Clóvis Beviláqua como a "*transfusão de almas dos dois cônjuges*".

Entretanto, embora o legislador tenha inovado nessa matéria, a grande tônica do novo Código Civil brasileiro reside no reconhecimento da igualdade entre os consortes após a celebração do casamento.

Não que esta seja uma novidade do ordenamento jurídico pátrio, já que desde o advento da Constituição Federal de 1988 estabeleceu-se em seu art. 226, § 5º,

> *"Os direitos e deveres referentes à sociedade conjugal são exercidos igualmente pelo homem e pela mulher"*,

---

[14] BEVILÁQUA, Clóvis. *Código Civil comentado*, 6. ed. Rio de Janeiro: Francisco Alves, 1940. v. 2. p. 125.

mas há de se convir que, pela primeira vez, o Código Civil estabeleceu, no art. 1.565, que

> *"Pelo casamento, homem e mulher assumem mutuamente a condição de consortes, companheiros e responsáveis pelos encargos da família".*

Livre Decisão sobre o Planejamento Familiar

O art. 1.565, § 2º, estabelece que

> *"O planejamento familiar é de livre decisão do casal, competindo ao Estado propiciar recursos educacionais e financeiros para o exercício desse direito, vedado qualquer tipo de coerção por parte de instituições privadas ou públicas".*

É vedado ao Estado impor aos cidadãos o número de filhos que cada casal deve ou não ter, assim como é expressamente proibida a imposição de sanções para os casais que optarem por ter ou não filhos.

Dos Deveres dos Consortes com a Celebração do Casamento

"O casamento é a relação jurídica que compreende indeclináveis direitos e deveres preestabelecidos na lei. As relações pessoais e patrimoniais entre os cônjuges, são disciplinadas, com efeito, por disposições legais imperativas." Com essas palavras Orlando Gomes[15] sintetiza, de maneira brilhante, os deveres dos cônjuges quando da celebração do casamento.

Ao contrário das faculdades acima dispostas, os deveres matrimoniais advêm de leis imperativas e como tais deverão ser seguidos, sob pena de darem ensejo à dissolução da sociedade conjugal. Isso por-

[15] GOMES, Orlando. *Direito de família*. 14. ed. rev. e atual. por Humberto Theodoro Júnior. 3. tir. Rio de Janeiro: Forense, 2002. p. 131.

que, com a celebração do casamento, homem e mulher passam a ser, em igualdade de condições, titulares de direitos e deveres, dentre os quais podemos citar: a fidelidade recíproca; a vida em comum, no domicílio conjugal; a mútua assistência; o sustento, a guarda e educação dos filhos; e o respeito e consideração mútuos.

Fidelidade Recíproca

Silvio Rodrigues[16] expõe que *"o dever de fidelidade é uma resultante da organização monogâmica da família. A infração ao dever de fidelidade caracteriza o adultério, que constitui não só crime punido em lei, como também encontra sanção na órbita civil"*.

O dever de fidelidade está intimamente ligado à vedação que o legislador impõe ao consorte quanto à pratica de relações sexuais com outra pessoa que não aquela com quem se casou. Para que seja considerado infração ao dever de fidelidade, mister se faz que tenha havido conjunção carnal de um dos consortes com terceira pessoa.

Discorrendo sobre o assunto, Orlando Gomes[17] faz uma afirmativa deveras interessante: *"a* infidelidade conjugal *pressupõe intencionalidade e objetividade, isto é, conhecimento e vontade, de um lado, e consumação do outro. O* elemento objetivo, *consubstanciado na materialidade da infração, somente se configura havendo* copula perfecta *com a pessoa do sexo diferente, não se justificando o desquite por adultério nos casos de coito vestibular, onanístico, sodomia e* fecundação artificial. *Neles, não ocorre rigorosamente a* diviso carnis, *ou se verifica* contra naturam".

É evidente que a intenção do legislador, muito mais do que uma simples justificativa moral ou religiosa, assenta-se no fato de que das relações sexuais poderão advir filhos. E se não fosse estabelecida uma regra, não seria possível afirmar, salvo após a constatação por meio de exames de DNA, a filiação da criança que eventualmente fosse gerada dessas relações sexuais displicentes.

---

[16] RODRIGUES, Silvio. *Direito civil* – Direito de família. 23. ed. São Paulo: Saraiva, 1998. p. 119.

[17] GOMES, Orlando. *Direito de família*. 14. ed. rev. e atual. por Humberto Theodoro Júnior. 3. tir. Rio de Janeiro: Forense, 2002. p. 137.

Vida em Comum no Domicílio Conjugal

O dever de compartilhar um domicílio comum está intrinsecamente ligado ao dever do *débito conjugal*, ou seja, a união carnal entre os consortes. Mas não é só isso: também configura o dever de assistência mútua, já que se um dos cônjuges estiver freqüentemente fora do lar conjugal, não será possível o auxílio ao outro nos momentos de dificuldades ou adversidades.

Se entendêssemos que o dever de vida em comum no domicílio conjugal fosse tão-somente o pagamento do débito conjugal, então não seria possível a celebração de casamento entre nubentes que, seja pela idade seja pela saúde, não estivessem em condições de prestá-lo. Assim, a obrigação de satisfazer o débito conjugal não é absoluta, nem necessária, bastando que seja conveniente para ambos os cônjuges.

É preciso dizer que, ao contrário do que dispunha o Código revogado, o domicílio conjugal será escolhido por um ou por ambos os cônjuges, não havendo mais a predominância da vontade do marido sobre a da esposa. Escolhido um domicílio, ali será estabelecido o lar conjugal.

Durante a constância do casamento, tanto o marido quanto a esposa poderão ausentar-se do domicílio conjugal, seja para atender a encargos públicos, seja para exercer sua profissão ou até mesmo para a satisfação de interesses particulares relevantes.

Mútua Assistência

O dever de mútua assistência consiste na ajuda e no cuidado recíprocos despendidos por ambos os cônjuges na constância da sociedade conjugal. É o dever mais nobre do casamento, por ser o elemento espiritual que rege e vivifica o vínculo, consistindo na ajuda mútua dos consortes, nos momento difíceis da vida, nos períodos de adversidade e também nos momentos de enfermidade.

Sustento, Guarda e Educação dos Filhos

O dever de sustento, guarda e educação dos filhos é, acima de tudo, um dever constitucional e não um dever que advém unicamente da celebração do casamento e o conseqüente nascimento dos filhos.

A Constituição Federal de 1988, no art. 227, dispõe que:

> *"É dever da família, da sociedade e do Estado assegurar à criança e ao adolescente, com absoluta prioridade, o direito à vida, à saúde, à alimentação, à educação, ao lazer, à profissionalização, à cultura, à dignidade, ao respeito, à liberdade e à convivência familiar e comunitária, além de colocá-los a salvo de toda forma de negligência, discriminação, exploração, violência, crueldade e opressão. (...)"*

O art. 229 estabelece que

> *"Os pais têm o dever de assistir, criar e educar os filhos menores, e os filhos maiores têm o dever de ajudar e amparar os pais na velhice, carência ou enfermidade".*

Por outro lado, não se pode olvidar do que dispõe o art. 1.568 do novo Código Civil:

> *"Os cônjuges são obrigados a concorrer, na proporção de seus bens e dos rendimentos do trabalho, para o sustento da família e a educação dos filhos, qualquer que seja o regime patrimonial".*

Assim, aos pais incumbe sustentar e educar os filhos, de acordo com suas possibilidades. A negligência ou o não-cumprimento desse dever sujeitará o inadimplente à suspensão ou perda do poder familiar.

Respeito e Consideração Mútuos

Esta derradeira imposição, inédita e imposta pela lei como dever dos cônjuges, pode ser analisada sob diversos aspectos.

No primeiro deles entendemos que este dever nada mais é do que uma junção de todos os outros deveres. Isso porque o faltoso quanto ao dever de fidelidade, de coabitação, de assistência mútua ou de colaboração no sustento, guarda e educação dos filhos, estará, automaticamente, infringindo o dever de respeito e de consideração mútuos.

Ademais, poder-se-ia presumir que o legislador trouxe ao Código Civil esse novo artigo para vedar os tratamentos desrespeitosos entre os cônjuges. Isso porque não são poucos os casos em que os consortes, apesar de cumprirem aqueles deveres do casamento, não se tratam de maneira civilizada, ou pelo menos da maneira como se espera em relacionamentos desse tipo.

Assim, havendo expressa disposição legal quanto ao dever de respeito e consideração mútuos, terá o cônjuge prejudicado motivo que ensejaria a propositura de eventual separação judicial pelo desrespeito dos deveres conjugais.

Direção da Sociedade Conjugal

Conforme estabelece o art. 1.567 do novo Código Civil,

> *"A direção da sociedade conjugal será exercida, em colaboração, pelo marido e pela mulher, sempre no interesse do casal e dos filhos".*

Ao contrário do que previa o Código Civil revogado, e agora em consonância com os princípios consagrados na Constituição Federal brasileira, não há mais discriminação entre os direitos e deveres da mulher e do marido.

Por expressa disposição do novo Código Civil, tanto o homem como a mulher têm os mesmos direitos e deveres sobre a direção da sociedade conjugal e o art. 1.567, parágrafo único, estabelece que

> *"Havendo divergência, qualquer dos cônjuges poderá recorrer ao juiz, que decidirá tendo em consideração aqueles interesses".*

Muito embora ambos os consortes tenham os mesmos direitos e deveres quanto ao gerenciamento da família, em determinadas circunstâncias a direção, a guarda e a administração dos bens da sociedade conjugal poderão ser exercidas isoladamente por apenas um deles.

Trata-se de hipóteses em que um dos consortes esteja completamente impossibilitado de fazê-lo e/ou de auxiliar o outro. São elas:

a. quando um dos consortes estiver em lugar remoto ou não sabido;
b. quando um dos consortes estiver encarcerado por mais de 180 (cento e oitenta) dias;
c. quando um dos consortes for interditado judicialmente;
d. quando um dos consortes estiver privado de consciência, episodicamente, em virtude de enfermidade ou de acidente.

6

Da Dissolução da Sociedade Conjugal

O assunto do qual passaremos a tratar agora versa sobre as modalidades de institutos que põem termo ao casamento, algumas delas dissolvendo-os, outras apenas pondo fim à sociedade conjugal, sem dissolvê-la.

Embora o assunto seja velho conhecido nos tribunais brasileiros, os modos de dissolução da sociedade e do vínculo conjugal apenas agora foram inseridos no Código Civil, já que o Código de 1916, fortemente influenciado pela Igreja, previa a indissolubilidade do casamento.

Da Dissolução da Sociedade Conjugal no Novo Código Civil

Com o advento da Lei do Divórcio (Lei 6.515/1977) e desde a entrada em vigor do novo Código Civil, o legislador elencou as hipóteses para o término da sociedade conjugal, quais sejam: morte de um dos consortes; nulidade ou anulação do casamento; separação judicial; e divórcio.

Cumpre ressaltar que o término da *sociedade conjugal* não se confunde com a extinção do *vínculo* entre os consortes, o art. 1.571, § 1º, estabelece que

> *"O casamento válido só se dissolve pela morte de um dos cônjuges ou pelo divórcio, aplicando-se a presunção estabelecida neste Código quanto ao ausente".*

Morte de um dos Consortes

A morte de um dos consortes é a hipótese mais objetiva de dissolução da sociedade conjugal. Pela própria impossibilidade fática de manutenção do casamento, a morte extingue tanto o *vínculo* quanto a *sociedade conjugal* em si mesma.

Com a extinção do vínculo e da sociedade conjugal, o cônjuge supérstite poderá convolar novas núpcias, obedecidas as causas suspensivas descritas nos incisos I e II do art. 1.523 do novo Código Civil, ou seja:

a. o viúvo ou a viúva que tiverem filhos com o cônjuge falecido não deverão casar enquanto não fizerem o inventário dos bens do casal e derem a partilha aos herdeiros, salvo se provarem a inexistência de prejuízo para a prole; e

b. a viúva não deverá casar em até 10 (dez) meses a contar do começo da viuvez, salvo se provar a inexistência de gravidez ou o nascimento do filho na fluência desse prazo.

Nulidade ou Anulação do Casamento

Termina a sociedade conjugal pela nulidade ou anulação do casamento. Conforme já dito em capítulo anterior, as nulidades do casamento assentam-se na violação de princípios de ordem pública, acarretando a invalidade do ato. Por outro lado, a anulação consiste no vício de consentimento de um dos nubentes, quando o vínculo entre eles formou-se de maneira defeituosa.

Desse modo, caberá a propositura de ações competentes para o reconhecimento das causas que culminarão com o término da sociedade conjugal e as conseqüências dela advindas.

Separação Judicial

A separação judicial dissolve a *sociedade conjugal*, deixando intacto o *vínculo matrimonial*, de modo que é vedado a quaisquer dos cônjuges a convolação de novo casamento enquanto não estiverem *divorciados*.

O ordenamento jurídico pátrio não admite a separação judicial por ato unilateral, mas tão-somente por meio de um acordo de vontades de ambos os consortes (separação consensual) ou pela existência de uma causa legal que enseje a propositura da ação de separação litigiosa, que pressupõe uma decisão judicial.

A sentença proferida em ação de separação judicial, embora *não* ponha termo ao *vínculo* propriamente dito, gera alguns efeitos para os cônjuges, tais como:

a. implica a separação de corpos e conseqüente extinção dos deveres de coabitação e de fidelidade recíproca; e
b. decide sobre a partilha de bens, em conformidade com o regime adotado pelos consortes.

Denomina-se *separação judicial* o gênero sob o qual encontram-se albergadas as espécies: separação consensual, separação litigiosa e separação cautelar. Vejamos.

Separação Litigiosa

É aquela que resulta de sentença proferida em ação proposta por um dos consortes contra o outro, provando-se a ocorrência de fato que importe em violação aos deveres do casamento e a insuportabilidade da manutenção da vida em comum.

Podem caracterizar a impossibilidade da manutenção da vida em comum:

a. adultério (manutenção de relações sexuais extraconjugais);
b. tentativa de morte;
c. sevícia (atos de crueldade ferina, maus-tratos) ou injúria grave;
d. abandono voluntário do lar conjugal por 1 (um) ano contínuo;
e. condenação por crime infamante;
f. conduta desonrosa; ou
g. quaisquer outros fatos, apresentados ao juiz, desde que verificada a veracidade das alegações e a impossibilidade de manutenção da vida em comum.

A ação de *separação litigiosa* obedecerá ao rito ordinário e, devido ao seu caráter personalíssimo, poderá ser proposta unicamente pelo cônjuge que *não* lhe deu causa, salvo nos casos de incapacidade do cônjuge inocente, quando então será este representado pelo seu curador, ascendente ou irmão.

Em qualquer caso, será obrigatória a interveniência do Ministério Público, nos moldes do art. 82, II, do Código de Processo Civil brasileiro.

A ação de separação judicial litigiosa poderá ser precedida de ação de separação cautelar, não sendo, contudo, obrigatória a propositura desta antes daquela.

O cônjuge poderá ainda requerer a separação judicial litigiosa quando o outro estiver acometido de doença mental grave, manifestada após o casamento e desde que essa enfermidade torne inviável a manutenção da vida conjugal. Para tal caso a lei exige que, após o decurso de 2 (dois) anos, a cura da doença mental tenha sido reconhecida improvável.

Reverterão ao cônjuge enfermo, que não houver pedido a separação judicial, o remanescente dos bens que levou para o casamento, assim como a meação daqueles adquiridos na constância da sociedade conjugal, se o regime de bens adotado o permitir.

Exceto nesses casos, poderá o cônjuge requerer a separação judicial provando a ruptura da vida em comum há mais de 1 (um) ano e a impossibilidade de sua reconstituição.

Entre as conseqüências da ação de separação judicial litigiosa está a proibição da manutenção do nome de família pelo cônjuge culpado. Sendo assim, perderá ele o direito de usar o sobrenome do outro, desde que expressamente requerido pelo cônjuge inocente e se a alteração não acarretar:

a. evidente prejuízo para sua identificação;
b. manifesta distinção entre o seu nome de família e o dos filhos havidos da união dissolvida;
c. qualquer outro dano grave reconhecido na decisão judicial.

Por outro lado, o cônjuge inocente também poderá renunciar ao direito de utilizar o sobrenome de seu consorte, culpado na ação de separação litigiosa.

Separação Consensual

Esta espécie de separação judicial, também conhecida pelo nome de separação por mútuo consentimento, dispensa a motivação dos consortes para a extinção da *sociedade conjugal*, porém há de ser homologada pelo juiz para ter eficácia.

A separação consensual pode ocorrer tanto por livre iniciativa dos consortes, que, em comum acordo, peticionam à autoridade judiciária requerendo a extinção da sociedade conjugal, como também no curso da ação de separação litigiosa, quando a parte contrária, na tentativa de conciliação, aquiesce sobre o pedido formulado pelo autor, ou seja, concorda com a separação por ser insustentável a manutenção da vida em comum.

Orlando Gomes[18] esclarece que *"a separação consensual, como negócio jurídico bilateral, tem como fim precípuo legalizar a con-*

---

[18] GOMES, Orlando. *Direito de família*. 14. ed. rev. e atual. por Humberto Theodoro Júnior. 3. tir. Rio de Janeiro: Forense, 2002. p. 217.

veniência dos cônjuges de viverem separados, estabelecidas e reguladas as conseqüências da dissolução da sociedade conjugal, tanto na ordem pessoal como na patrimonial. É fonte de direitos e obrigações unitariamente entrosados numa situação jurídica indivisível e inalterável, no conteúdo, pela vontade das partes".

Conforme se vê, a separação consensual é um concurso de vontades que depende, para sua eficácia no mundo jurídico, de homologação judicial. A legitimidade para requerer a separação consensual é exclusiva dos cônjuges, desde que comprovado que estejam casados há mais de 1 (um) ano. Portanto, não basta que comprovem a capacidade para a propositura da ação judicial, mas devem também comprovar o tempo mínimo de casados estipulado por lei.

A sentença que homologar a separação consensual porá fim ao regime matrimonial e decidirá sobre a partilha dos bens comuns, se houver. A partilha seguirá a intenção dos cônjuges, conforme exposto na peça exordial da ação de separação, cumprindo ao juiz verificar se não há infração à lei ou prejuízo injustificado a uma das partes.

No art. 1.574, parágrafo único, ressalte-se que

> *"O juiz pode recusar a homologação e não decretar a separação judicial se apurar que a convenção não preserva suficientemente os interesses dos filhos ou de um dos cônjuges".*

Ocorrendo separação consensual, os cônjuges poderão optar por manter ou não o sobrenome do outro.

Separação Cautelar

A separação cautelar, como o próprio nome diz, consiste na ação cautelar preparatória para a ação de separação propriamente dita. É regida pelo Código de Processo Civil e consiste na determinação pelo magistrado, a pedido da parte interessada, de medidas acautelatórias com a finalidade de garantir o resultado útil da ação principal.

Por exemplo, caso os consortes agridam-se fisicamente, o magistrado poderá determinar a separação de corpos antes mesmo da ação de separação judicial propriamente dita, já que a separação cautelar consiste na suspensão autorizada do dever de coabitação.

Uma vez obtida a separação de corpos na ação cautelar, o cônjuge deverá propor a ação principal no prazo de 30 (trinta) dias, nos termos do art. 806 do Código de Processo Civil, sob pena da perda da eficácia da medida cautelar que deferiu a suspensão do dever de coabitação entre o casal.

Reconciliação

Estabelece o art. 1.577 que

> *"Seja qual for a causa da separação judicial e o modo como esta se faça, é lícito aos cônjuges restabelecer, a todo tempo, a sociedade conjugal, por ato regular em juízo".*

Note-se que o legislador estabeleceu que a sociedade conjugal poderá ser restabelecida pelos cônjuges, a qualquer tempo, enquanto não houver sido decretado o divórcio. Contudo, necessário se faz que o *pedido de reconciliação* seja formalizado nos autos da própria ação de separação e reduzido a termo pelo magistrado. Se a separação judicial já houver sido convertida em divórcio, e supondo-se que os consortes tenham a intenção de unirem-se novamente, deverão fazê-lo por meio de novo casamento, não sendo possível a reconciliação nesta hipótese.

A reconciliação põe termo à separação, restabelecendo-se a sociedade conjugal nos moldes em que fora inicialmente constituída, ou seja, restauram-se os deveres recíprocos, o regime de bens etc.

O direito de terceiros, adquirido antes e durante o estado de separados, não será prejudicado pela reconciliação, não importando qual seja o regime de bens adotado pelos consortes.

Divórcio

Inicialmente havíamos dito que o casamento válido só se dissolve pela morte de um dos cônjuges ou pelo divórcio, de modo que estes dois institutos tratam especificamente do término da *sociedade conjugal* e da extinção do *vínculo* entre os cônjuges.

O divórcio tanto poderá ser requerido mediante a comprovação de que os cônjuges encontram-se separados de fato há mais de 2 (dois) anos, como também poderá advir de uma *conversão de separação judicial em divórcio*, após 1 (um) ano a contar do trânsito em julgado da sentença que houver decretado a separação judicial ou da decisão concessiva da medida cautelar de separação de corpos.

A legitimidade tanto para requerer o *divórcio direto* como a *conversão da separação em divórcio* será exclusiva dos cônjuges, salvo se o cônjuge for incapaz para propor a ação ou defender-se, quando então será representado por seu curador, ascendente ou irmão.

A ação de divórcio será promovida por um ou por ambos os cônjuges. Se requerida por apenas um deles, o outro será chamado para contestá-la, e a matéria de defesa estará restrita ao não cumprimento do decurso do prazo ou ao descumprimento das obrigações assumidas pelo requerente na separação judicial.

O pedido de conversão da separação em divórcio não poderá ser negado pelo magistrado se cumpridas as formalidades legais. Será competente para julgá-lo o Juízo que houver decidido sobre a separação judicial (conversão de separação em divórcio) ou o domicílio da mulher (divórcio direto), em conformidade com o art. 100, I, do Código de Processo Civil.

A conversão da separação litigiosa em divórcio será decretada por sentença, *sem* que conste expressa menção da causa que a determinou.

A sentença proferida em ação de divórcio tem natureza *constitutiva*, decretando a dissolução do vínculo matrimonial e fazendo cessar para os consortes todos os deveres matrimoniais. Uma vez transitada em julgado a sentença de divórcio, para que produza seus regulares efeitos, deverá ser levada a registro, fazendo-se a averbação à margem do assento de casamento.

Vale lembrar que o divórcio não modificará os direitos e deveres dos pais em relação aos filhos, assim como novo casamento de qualquer um deles não poderá importar restrições aos direitos e deveres em relação os filhos.

O legislador apresenta uma particularidade interessante: o divórcio poderá ser concedido sem que haja prévia partilha dos bens. Mas nesse caso – é nosso entendimento –, os consortes não deverão contrair novas núpcias até que não se decida sobre a partilha dos bens.

Por fim, se o divórcio não estiver precedido de separação judicial litigiosa, caberá às partes decidir quanto à manutenção ou não do nome de família por um ou por outro.

Da Proteção à Pessoa dos Filhos

Na maioria das vezes a extinção da sociedade conjugal – seja pela morte, seja pela anulação ou nulidade do casamento, seja pela separação ou pelo divórcio – traz consigo uma questão muito delicada: a guarda e educação dos filhos advindos do vínculo que se desfez.

É que, ao contrário dos cônjuges, que estão cientes da razão pela qual foram movidos para a extinção da sociedade conjugal, as crianças, no mais das vezes, sequer têm consciência da situação, e não conseguem vislumbrar, pelo menos em princípio, possibilidade de adaptação à nova situação.

É evidente que cada caso comporta uma análise específica, que deverá levar em conta a idade, a saúde, o grau de instrução da criança etc., mas o fato é que elas não podem ficar desamparadas após a extinção da sociedade conjugal, célula onde nasceram e viveram até aquele momento.

Portanto, o legislador dispôs, no art. 1.583, que

> *"No caso de dissolução da sociedade ou do vínculo conjugal pela separação judicial por mútuo consentimento ou pelo divórcio direto consensual, observar-se-á o que os cônjuges acordarem sobre a guarda dos filhos".*

E se nada acordarem os consortes sobre a guarda dos filhos, o magistrado poderá atribuí-la a quem entender que tenha melhores condições para exercê-la. Poderá, inclusive, designar outra pessoa que não os pais, levando em conta o grau de parentesco e a relação de afinidade e afetividade do menor com essa pessoa, preponderando, portanto, o interesse dos filhos e não a pretensão dos pais.

Por certo é preferível ao menor ser acolhido num lar repleto de amor e carinho, rodeado de pessoas com quem a criança tenha afinidade, mesmo que não sejam seus pais, a crescer ao lado de um dos genitores, sem condições materiais ou morais e, às vezes, sem o mínimo necessário para seu crescimento saudável.

Outrossim, sempre tendo em vista o interesse do menor, poderá o magistrado, ante o exame do caso concreto, determinar a guarda a um dos consortes, ainda que tenham eles decidido de maneira diversa na ação de dissolução do casamento.

O art. 1.588, estabelece que

> *"O pai ou a mãe que contrair novas núpcias não perde o direito de ter consigo os filhos, que só lhe poderão ser retirados por mandado judicial, provado que não são tratados convenientemente".*

Por outro lado, o art. 1.589, estabelece que

> *"O pai ou a mãe, em cuja guarda não estejam os filhos, poderá visitá-los e tê-los em sua companhia, segundo o que acordar com o outro cônjuge, ou for fixado pelo juiz, bem como fiscalizar sua manutenção e educação".*

É importante frisar que as disposições relativas à guarda e prestação de alimentos aos filhos aplicam-se tanto aos menores quanto aos maiores incapazes. Assim, os pais têm o dever de prover a subsistência dos filhos menores, até que atinjam a maioridade, ou enquanto perdurar a incapacidade.

7

Das Relações de Parentesco

Parentesco é o vínculo daqueles que possuem um ancestral comum. O conhecimento dessa relação é de suma importância, porque *"a lei lhe atribui efeitos relevantes, estatuindo direitos e obrigações recíprocos entre os parentes, de ordem pessoal e patrimonial, e fixa proibições com fundamento em sua existência"*.[19]

O parentesco conta-se por *linhas* (vínculo que liga a pessoa ao ancestral comum) e por *graus* (distância que vai de uma geração à outra). Assim, são parentes em *linha* reta as pessoas ligadas umas com as outras na relação de ascendentes e descendentes (*e.g.:* pai e filho; neto e avô). E são parentes em linha colateral ou transversal, até o quarto *grau*, as pessoas provenientes de um só tronco, sem descenderem uma da outra (*e.g.:* irmãos; primos).

[19] GOMES, Orlando. *Direito de família*. 14. ed. rev. e atual. por Humberto Theodoro Júnior. 3. tir. Rio de Janeiro: Forense, 2002. p. 311

Na linha reta, o parentesco conta-se pelo número de gerações. Assim, o filho em relação ao pai é parente de 1º grau; o neto em relação ao avô é parente de 2º grau. Já o parentesco em linha colateral conta-se através do número de gerações para se chegar ao ancestral comum e, após, o número de gerações para chegar à pessoa de quem se quer descobrir o grau de parentesco.

O chamado *primo-irmão*, filho do irmão da sua mãe, é seu parente em *4º grau*. Isso porque o ancestral comum entre você e seu primo é o seu avô (pai de seu tio e de sua mãe) e entre seu avô e seu primo há mais uma geração (seu tio). Então a conta deverá ser feita da seguinte maneira: você – sua mãe – seu avô – seu tio – seu primo. Para cada geração conta-se um grau.

Lembre-se que para a contagem dos graus, é preciso alcançar o ascendente comum. Desse modo, seu *irmão* é seu parente em *2º grau*: você – seu pai – seu irmão.

O parentesco pode ser *natural* ou *civil*. Diz-se natural o parentesco fundado na consangüinidade, e civil o parentesco proveniente dos atos jurídicos. Portanto, são parentes civis sogra e genro, pai e filho adotivo etc.

Além do parentesco, os cônjuges ou companheiros ainda são aliados aos parentes do outro pelo *vínculo da afinidade*. Entretanto, o parentesco por afinidade limita-se aos ascendentes, aos descendentes e aos irmãos do cônjuge ou companheiro. Portanto, você é parente por afinidade de sua sogra, do avô de seu cônjuge, de seu cunhado etc.

Cumpre ressaltar que o *parentesco por afinidade* em linha reta *não* se extingue com a dissolução do casamento ou da união estável.

Assim, mesmo que haja a dissolução da união estável ou os consortes venham a se divorciar, nunca se extinguirá o parentesco por afinidade que os cônjuges tinham com seus respectivos sogros.

Este dado é de crucial importância para a verificação de impedimento para o casamento. Isso porque, embora finda a união, seja por morte de um dos cônjuges, seja pelo divórcio, o indivíduo jamais poderá se casar com sua *ex-sogra*, já que o parentesco por afinidade não se dissolve.

Da Filiação

Conforme ensina Silvio Rodrigues,[20] *"filiação é a relação de parentesco consangüíneo, em primeiro grau e em linha reta, que liga uma pessoa àquelas que a geraram"*. É de suma importância a verificação dessa relação, vez que várias conseqüências jurídicas advém da filiação.

Ao contrário do que preconizava o Código Civil de 1916, e seguindo os preceitos da Constituição Federal de 1988, tem-se, do art. 1.596 do novo Código Civil, que

> *"Os filhos, havidos ou não da relação de casamento, ou por adoção, terão os mesmos direitos e qualificações, proibidas quaisquer designações discriminatórias relativas à filiação".*

O Código revogado disciplinava que somente seriam considerados legítimos os filhos havidos na constância do casamento. E para isso dispunha sobre a *presunção de filiação,* estabelecendo limites mínimos e máximos para o nascimento do filho após o decurso de determinado período de tempo.

O novo Código Civil manteve a *presunção da concepção,* muito embora, no mundo atual, esta regra esteja completamente ultrapassada. Isso porque, com o avanço da medicina, surgiram métodos precisos e modernos para a constatação exata do período gestacional e até da descoberta da filiação biológica do indivíduo.

Contudo, muito embora o legislador tenha mantido conceitos ultrapassados, em vista dos avanços da sociedade atual, mostrou-se, por outro lado, extremamente consciente em relação à problemática do mundo moderno, de modo que, no mesmo artigo de lei, é possível a constatação dessa aparente ambigüidade. Vejamos o art. 1.597

> *"Presumem-se concebidos na constância do casamento os filhos",*

---

[20] RODRIGUES, Silvio. *Direito civil* – Direito de família. 23. ed. São Paulo: Saraiva, 1998. p. 281.

> *I. nascidos cento e oitenta dias, pelo menos, depois de estabelecida a convivência conjugal;*
>
> *II. nascidos nos trezentos dias subsequentes à dissolução da sociedade conjugal, por morte, separação judicial, nulidade e anulação do casamento;*
>
> *III. havidos por fecundação artificial homóloga, mesmo que falecido o marido;*
>
> *IV. havidos, a qualquer tempo, quando se tratar de embriões excedentários, decorrentes de concepção artificial homóloga;*
>
> *V. havidos por inseminação artificial heteróloga, desde que tenha prévia autorização do marido.*

É evidente que se trata de uma presunção *juris tantum*, até porque a prova da impotência do cônjuge para gerar (*impotentia generandi*), à época da concepção, ilide a presunção da paternidade. Por esse motivo entendemos que não haveria necessidade dessa disposição legal.

Outra disposição legal, igualmente ultrapassada, também mantida pelo Código atual, é a de que não basta o adultério da mulher, ainda que confessado, para ilidir a presunção legal da paternidade. Certamente não, até porque o homem que duvidar da paternidade poderá requerer, após o nascimento da criança, o exame de DNA, que determinará ou não a filiação.

Ainda sobre a dúvida quanto à paternidade, estabelece o novo Código, no art. 1.601, que

> *"Cabe ao marido o direito de contestar a paternidade dos filhos nascidos de sua mulher, sendo tal ação imprescritível".*

Uma vez contestada a filiação e vindo a falecer o cônjuge duvidoso, seus herdeiros poderão nela prosseguir, certo de que têm eles interesse jurídico, econômico e/ou moral no deslinde da controvérsia.

Da mesma maneira que não basta o adultério da mulher para *ilidir* a presunção legal da paternidade, também não bastará a confissão materna para *excluir* a paternidade. Assim, mesmo que a mãe tenha afirmado que determinado homem não é pai de seu filho, para a preservação dos interesses do menor poderá ser determinada a realização do exame de DNA.

Da Prova da Filiação

A filiação prova-se pela certidão do termo de nascimento registrada no Registro Civil, de modo que ninguém poderá reivindicar estado contrário ao que resulta do registro de nascimento, salvo se comprovado erro ou falsidade.

A força probante do registro só existe quando regularmente feito o assento de nascimento, que passa a ficar dotado de fé pública. Contudo, se faltar o *termo do nascimento* ou se o documento estiver defeituoso, a filiação poderá provar-se por qualquer modo admissível em direito, tais como:

a. prova escrita, proveniente dos pais, conjunta ou separadamente; ou
b. por meio de veementes presunções resultantes de fatos já certos.

A legitimidade para a propositura da *ação judicial de prova de filiação* pode tanto ser exercida pelo próprio filho, enquanto viver, como também por seus herdeiros, se ele vier a falecer menor ou incapaz.

Silvio Rodrigues[21] ensina que *"a legitimação para a ação não é simultânea, mas sucessiva, no sentido de que aos herdeiros só é deferida a ação após a morte do filho e, assim mesmo, se este houver morrido menor ou incapaz, pois se o filho morreu maior e capaz, sem ter querido intentar tal ação, seus motivos devem ser respeitados, ainda que dessa atitude advenha prejuízo aos sucessores"*.

Entretanto, tendo sido iniciada pelo filho a ação de prova de filiação, seus herdeiros poderão nela prosseguir, salvo se julgado extinto o processo.

---

[21] RODRIGUES, Silvio. *Direito civil* – Direito de família. 23. ed. São Paulo: Saraiva, 1998. p. 296.

Do Reconhecimento dos Filhos

Já dissemos que os filhos havidos na constância da sociedade conjugal presumem-se advindos das relações sexuais do casal. Assim, em havendo casamento e a menos que a legitimidade do filho seja contestada, a relação de parentesco entre o filho e os pais manifesta-se plenamente.

Desde a promulgação da Constituição Federal de 1988 não há mais diferença entre os filhos *legítimos* ou *ilegítimos*, ou seja, entre os filhos havidos ou não na constância da sociedade conjugal, art. 227, § 6º:

> *"Os filhos, havidos ou não da relação do casamento, ou por adoção, terão os mesmos direitos e qualificações, proibidas quaisquer designações discriminatórias relativas à filiação".*

O novo Código Civil, seguindo a tendência já incorporada ao ordenamento jurídico pátrio por força da Constituição Federal de 1988, igualou os filhos havidos fora da constância conjugal, que poderão ser reconhecidos pelos pais, a qualquer tempo, conjunta ou separadamente.

A *maternidade* constante do termo de nascimento do filho somente a mãe poderá contestá-la, provando a falsidade do termo ou das declarações nele contidas.

O reconhecimento da filiação, sendo ato espontâneo ou judicial, gerará diversas conseqüências no mundo jurídico, tanto para os pais como para os filhos. Entre os efeitos gerados com o estabelecimento do vínculo de parentesco, podemos citar aqueles que dizem respeito aos alimentos, à sucessão, ao poder familiar e à guarda dos filhos, enquanto menores.

Reconhecimento *espontâneo* é o ato solene e público pelo qual o genitor declara que determinada pessoa é seu filho. Já o reconhecimento *judicial* é aquele decorrente de sentença proferida em ação de investigação de paternidade.

O reconhecimento dos filhos havidos fora do casamento é *irrevogável* e poderá ocorrer de diversas maneiras:

a. por meio do registro do nascimento;
b. por escritura pública ou escrito particular, a ser arquivado em Cartório;
c. por testamento, ainda que incidentalmente manifestado. Nesse caso, uma vez externado pelo testador o reconhecimento de filho, este não mais poderá ser revogado;
d. por manifestação direta e expressa perante o juiz, ainda que o reconhecimento não haja sido o objeto único e principal do ato que o contém.

O reconhecimento também poderá ocorrer antes do nascimento do filho ou posteriormente à sua morte, se ele houver deixado descendentes. Uma vez formalizado o reconhecimento – repetimos –, não mais poderá ser revogado, nem mesmo quando feito em testamento.

O filho menor reconhecido por apenas um de seus genitores ficará sob a guarda deste. Se reconhecido por ambos e não houver acordo sobre a guarda, o juiz decidirá determinando a guarda àquele que melhor atender aos interesses do menor. É importante ressaltar ainda que o filho havido fora do casamento, reconhecido por um dos cônjuges, não poderá residir no lar conjugal sem o consentimento do outro consorte.

O *filho maior* não pode ser reconhecido sem seu consentimento, e o *menor* pode impugnar o reconhecimento, nos 4 (quatro) anos subseqüentes à maioridade ou à emancipação. Já dissemos que o reconhecimento da filiação gera efeitos morais e materiais de enorme relevância, motivo pelo qual o legislador determina a concordância do reconhecido, quando maior, e a possibilidade de sua impugnação, quando o filho for menor.

Serão ineficazes quaisquer condições apostas ao ato de reconhecimento de um filho. Clóvis Beviláqua[22] já dizia que *"o reconhecimento determina o estado de filho, e o estado de pessoa não pode ser condicional, nem temporário"*.

---

[22] BEVILÁQUA, Clóvis. *Op. cit.* Observações ao art. 361.

Da Investigação de Paternidade

A ação de investigação de paternidade corresponde a um processo contencioso que se desenvolve segundo o rito ordinário e que, por se tratar de uma ação de estado da pessoa, requer a intervenção obrigatória de membro do Ministério Público, nos moldes do art. 82, II, do Código de Processo Civil brasileiro.

A ação de investigação de paternidade no Código revogado era utilizada com o escopo de *legitimar* os filhos havidos fora do casamento. Conforme já dissemos, não há mais diferenciação entre os filhos nascidos de casais casados e aqueles advindos de relações sexuais fora do casamento. O que importa é que a criança esteja cercada de condições mínimas para seu crescimento com dignidade, sendo seus genitores e o Estado os responsáveis pela sua alimentação, saúde, moradia e educação.

A ação de investigação de paternidade, qualquer que seja seu fundamento, é privativa do próprio filho, sendo ele o único *legitimado* a ingressar com a referida ação. Se a criança for *absolutamente incapaz* (art. 3º), será *representada* por sua mãe; se *relativamente incapaz*, (art. 4º) será *assistida* por ela. Entretanto, uma vez proposta a ação de investigação de paternidade, qualquer pessoa que justo interesse tenha, poderá contestá-la. O mesmo ocorre com a ação de investigação de maternidade, embora sejam mais raras nos Tribunais brasileiros.

A filiação é um direito *indisponível* sobre o qual a parte não pode transigir. Assim, uma vez iniciada uma ação investigatória, não poderão as partes encerrá-la por *acordo*, principalmente se o investigante renunciar ao direito demandado no processo. Dispõe o art. 1.616 que

> *"A sentença que julgar procedente a ação de investigação produzirá os mesmos efeitos do reconhecimento; mas poderá ordenar que o filho se crie e eduque fora da companhia dos pais ou daquele que lhe contestou essa qualidade".*

Por fim, a filiação materna ou paterna pode resultar de casamento declarado nulo, mesmo sem o preenchimento das condições do casamento putativo (boa-fé de um ou de ambos os cônjuges).

As conseqüências do casamento nulo e anulável já foram devidamente estudadas no capítulo correspondente. E desde lá já havíamos dito que elas nada poderiam significar para o direito de filiação, haja vista versarem sobre relações jurídicas distintas. Não custa lembrar a que o *caput* do art. 1.561 do novo Código Civil assim dispõe:

> *"Embora anulável ou mesmo nulo, se contraído de boa-fé por ambos os cônjuges, o casamento, em relação a estes como aos filhos, produz todos os efeitos até o dia da sentença anulatória".*

Da Adoção

Orlando Gomes[23] define a adoção como o *"ato jurídico pelo qual se estabelece, independentemente do fato natural da procriação, o vínculo de filiação. Trata-se de uma ficção legal, que permite a constituição, entre duas pessoas, de laço de parentesco do primeiro grau em linha reta".*

Por meio da adoção, há a extinção do vínculo havido entre o adotando e seus pais e parentes consangüíneos, salvo quanto aos impedimentos para o casamento. Então, o adotando, embora desligado juridicamente de seus parentes biológicos, estará impedido de convolar núpcias com a filha de seus genitores, por exemplo. A adoção somente será admitida quando constituir efetivo benefício para o adotando.

Requisitos para a Adoção

A adoção será feita mediante processo judicial, comprovando-se o cumprimento dos requisitos para sua concessão. Entre os requisitos exigidos para a adoção temos:

---

[23] GOMES, Orlando. *Direito de família*. 14. ed. rev. e atual. por Humberto Theodoro Júnior. 3. tir. Rio de Janeiro: Forense, 2002. p. 36.

a. *idade mínima para adotar* – somente as pessoas maiores de 18 (dezoito) anos é que poderão adotar. Além da idade mínima para adotar, o legislador dispôs que ninguém poderá ser adotado, simultânea e sucessivamente, por mais de uma pessoa, salvo se os adotantes forem casados ou viverem em união estável. Nesse caso, a adoção será permitida se ao menos um deles tiver 18 (dezoito) anos e desde que comprovem a estabilidade da família.

Os divorciados ou os judicialmente separados poderão adotar conjuntamente. Entretanto, deverão comprovar que o estágio de convivência com o adotando se iniciou na constância da sociedade conjugal ou da união estável, e desde que decidam, na separação judicial ou no divórcio, sobre a guarda e o regime de visitas do adotando;

b. *diferença mínima de idade entre o adotante e o adotado* – o adotante há de ser, pelo menos, 16 (dezesseis) anos mais velho do que o adotando;

c. *consentimento das partes* – a adoção depende de consentimento dos pais ou dos representantes legais de quem se deseja adotar e da concordância deste, se contar mais de 12 (doze) anos.

Poderá ser dispensado o consentimento do representante legal do menor para a adoção se se tratar de: infante exposto; menor cujos pais sejam desconhecidos, estejam desaparecidos, ou tenham sido destituídos do poder familiar, sem nomeação de tutor; órfão não reclamado por qualquer parente em período superior a 1 (um) ano.

Tanto o adotando como seus representantes poderão arrepender-se quanto à adoção, revogando o consentimento dado. Contudo, para que seja válida a revogação, deverá ocorrer antes da publicação da sentença constitutiva da adoção. Após, não mais caberá arrependimento, e o ato jurídico estará formalizado.

A adoção também poderá ser realizada entre o tutor e seu pupilo *ou* entre o curador e seu curatelado, desde que haja prestação de contas de sua administração da tutela ou curatela, saldando-se eventuais débitos pendentes;

d. *intervenção judicial* – já dissemos que a adoção somente será deferida mediante processo judicial, observando-se o cumprimento dos requisitos exigidos para o ato, não importando se se trata de adoção de crianças menores de idade ou de indivíduos maiores de 18 (dezoito) anos.

Entretanto, ao contrário do que dispunha o Código Civil revogado, ao versar sobre a adoção de maiores de 18 anos (que poderia ser feita mediante simples escritura pública), hoje todos os processos de adoção dependerão de assistência efetiva do Poder Público e de sentença constitutiva.

Efeitos da Adoção

A adoção gera efeitos pessoais e patrimoniais para o adotado.

Efeitos Pessoais

A adoção atribui situação de filho ao adotado, desligando-o de qualquer vínculo com os pais e parentes consangüíneos, salvo quanto aos impedimentos para o casamento.

Uma exceção quanto à desvinculação do adotado e seus familiares encontra-se disciplinada no art. 1.626, parágrafo único, do novo Código Civil:

> *"Se um dos cônjuges ou companheiros adota o filho do outro, mantêm-se os vínculos de filiação entre o adotado e o cônjuge ou companheiro do adotante e os respectivos parentes".*

Isso significa dizer que se o filho é somente da mulher, seu marido poderá adotá-lo sem que a mãe perca o vínculo de parentesco que a une ao filho. Então, a mulher cujo filho foi adotado pelo marido continuará sendo mãe daquela criança (parente por consangüinidade), passando o marido a ser o pai adotivo da mesma criança (parente por afinidade).

Um segundo efeito pessoal da adoção é a modificação do sobrenome do adotado, que passa a ter o sobrenome de seu adotante. A decisão que alterar o sobrenome do adotado também poderá determinar a modificação de seu prenome, se ele for menor de idade e houver sido solicitada pelo adotante ou pelo próprio adotado.

Por fim, um outro efeito pessoal da adoção são as relações de parentesco, que se estabelecem não só entre o adotante e o adotado, o adotante e os descendentes do adotado, mas também entre o adotado e todos os parentes do adotante. Assim, o filho do adotado será neto do adotante; o sobrinho do adotante será primo do adotado, e assim por diante.

Efeitos Patrimoniais

Entre os efeitos da adoção temos aqueles atinentes ao direito de família e das sucessões. Sendo assim, o adotante terá o dever de sustentar o adotado, prestar-lhe alimentos etc.

O adotado, após o advento da Constituição Federal de 1988, está em igualdade de direitos com os demais filhos do adotante. Convém lembrar o que consta em seu art. 227, § 6º:

> *"Os filhos, havidos ou não da relação de casamento, ou por adoção, terão os mesmos direitos e qualificações, proibidas quaisquer designações discriminatórias relativas à filiação".*

Os efeitos da adoção começam a partir do trânsito em julgado da sentença, exceto se o adotante vier a falecer no curso do procedimento, caso em que a sentença terá força retroativa à data do óbito.

Adoção por Estrangeiros

De maneira bastante vaga refere-se o novo Código Civil, em seu art. 1.629, a esse respeito

> *"A adoção por estrangeiro obedecerá aos casos e condições que forem estabelecidos em lei".*

O Estatuto da Criança e do Adolescente (Lei 8.069/1990) estabelece que:

> *"Art. 51 – Cuidando-se de pedido de adoção formulado por estrangeiro residente ou domiciliado fora do País, observar-se-á o disposto no art. 31.*
>
> *§ 1º – O candidato deverá comprovar, mediante documento expedido pela autoridade competente do respectivo domicílio, estar devidamente habilitado à adoção, consoante as leis do seu país, bem como apresentar estudo psicossocial elaborado por agência especializada e credenciada no país de origem.*
>
> *§ 2º – A autoridade judiciária, de ofício ou a requerimento do Ministério Público, poderá determinar a apresentação do texto pertinente à legislação estrangeira, acompanhado de prova da respectiva vigência.*
>
> *§ 3º – Os documentos em língua estrangeira serão juntados aos autos, devidamente autenticados pela autoridade consular, observados os tratados e convenções internacionais, e acompanhados da respectiva tradução, por tradutor público juramentado.*
>
> *§ 4º – Antes de consumada adoção não será permitida a saída do adotando do território nacional.*
>
> *Art. 52 – A adoção internacional poderá ser condicionada a estudo prévio e análise de uma comissão estadual judiciária de adoção, que fornecerá o respectivo laudo de habilitação para instruir o processo competente.*
>
> *Parágrafo único. Competirá à comissão manter registro centralizado de interessados estrangeiros em adoção."*

Conforme se vê, o pedido de adoção internacional deverá ser analisado de acordo com o caso concreto e em conformidade com a legislação em vigor. O novo Código Civil apenas mencionou a hipótese, que a legislação extravagante disciplinasse a matéria. Eis aí mais um motivo pelo qual é necessário adequar o caso à realidade legislativa brasileira.

8

Do Poder Familiar

Conceito

O Código Civil em vigor não fala mais em pátrio poder, mas sim em *poder familiar*, para designar o conjunto de direitos e obrigações atribuídos aos pais em relação aos filhos menores, a fim de proteger-lhes a vida e o patrimônio até que se tornem maiores e capazes para os atos da vida civil.

O poder familiar será exercido conjuntamente pelo pai e pela mãe, na constância do casamento ou enquanto durar a união estável e, na falta ou impedimento de um deles, o outro o exercerá com exclusividade. Havendo divergência quanto ao exercício do poder familiar, é assegurado a qualquer um deles recorrer ao juiz para a solução do desacordo, tendo sempre em vista o interesse do menor.

Conforme já dissemos, o poder familiar perdura mesmo após a separação judicial, o divórcio e a dissolução da união estável, cujas relações entre pais e filhos não se alteram senão quanto ao direito que aos primeiros cabe de terem em sua companhia os segundos.

O filho não reconhecido pelo pai ficará sob o poder familiar exclusivo da mãe. É evidente que para estarem sujeitos ao poder familiar, o filho deverá ter um pai e/ou uma mãe conhecidos. Não há como o menor ficar sob o poder familiar de uma pessoa que não o reconheceu como filho, até porque é preciso que sejam identificados os genitores para que se aperfeiçoe o poder familiar.

Assim, diante da ausência, ou do não reconhecimento do pai, o menor ficará sob o poder familiar exclusivo da mãe. Se esta não for conhecida ou não for capaz de exercê-lo, dar-se-á tutor ao menor. O poder familiar, como um conjunto de regras contendo direitos e deveres atribuídos aos pais em relação aos filhos, deverá ser exercido por quem tem capacidade de fazê-lo. Deste modo, não se mostrando apta ao exercício dessas funções, a mãe poderá ser substituída por um tutor nomeado pelo juiz.

Do Exercício do Poder Familiar

São pressupostos do poder familiar dos pais em relação aos seus filhos menores:

a. *dirigir-lhes a criação e educação* – cabe aos pais zelar pela educação do filho menor, ensinando-lhe os princípios morais e éticos, para que cresça com sabedoria e saiba viver em sociedade. Além disso, os pais deverão proporcionar aos filhos condições materiais e morais para que se desenvolvam plenamente;
b. *tê-los em sua companhia e guarda* – os pais, na qualidade de responsáveis legais por seus filhos menores, deverão tê-los em sua companhia, vigiá-los nos seus atos, tanto para educá-los como para evitar que pratiquem algum ato ilícito, cuja responsabilidade será imputada aos pais por força do art. 932, I e II, do Código Civil;

"São também responsáveis pela reparação civil:

I. os pais, pelos filhos menores que estiverem sob sua autoridade e em sua companhia;
II. o tutor e o curador, pelos pupilos e curatelados, que se acharem nas mesmas condições; (...)".

c. *conceder-lhes ou negar-lhes consentimento para o casamento* – trata-se de prerrogativa não absoluta, já que o consentimento para o casamento poderá ser suprido judicialmente se um dos representantes, sem justificativa, negar-se a fazê-lo.
d. *nomear-lhes tutor por testamento ou documento autêntico, se o outro genitor não lhe sobreviver, ou o sobrevivo não puder exercer o poder familiar* – essa prerrogativa só caberá se algum dos pais verificar que, na sua ausência, o outro não seria capaz de exercer o poder familiar. Assim, supondo-se que o pai tenha sofrido um acidente que o deixou inconsciente, a mãe, receosa de que venha falecer antes do pai de seus filhos menores, poderá deixar testamento nomeando tutor de sua confiança;
e. *representá-los, até os 16 anos, nos atos da vida civil, e assisti-los, após essa idade, nos atos em que forem partes, suprindo-lhes o consentimento* – os menores estarão sujeitos à assistência ou representação até que se tornem plenamente capazes para os atos da vida civil. Essa medida busca evitar que os menores possam ser prejudicados, ou venham prejudicar terceiros, por meio da prática de atos para os quais não são capazes;
f. *reclamá-los de quem ilegalmente os detenha* – caberá aos pais, no exercício do poder familiar, reclamar o filho menor de quem ilegalmente o detenha. Contudo, se não houver ilegalidade, não há por que o titular do poder familiar requerer sua *busca e apreensão*. Supondo-se que os pais, separados judicialmente, tenham acordado sobre as visitas e que um deles esteja legitimamente exercendo seu direito, o outro não poderá requerer a busca e apreensão do filho menor, pois aquele não o tem ilegitimamente;
g. *exigir que lhes prestem obediência, respeito e os serviços próprios de sua idade e condição* – a prerrogativa que os pais têm de exigir que os

filhos lhes prestem obediência e respeito, bem como auxiliem nos deveres familiares, pressupõe o dever de educá-los para viverem em sociedade. As crianças costumam repetir no convívio social as atitudes que aprenderam em seus lares. Assim, compete aos pais instruir os filhos menores, impondo-lhes limites e ensinando-os a respeitar o próximo e a si mesmos.

Da Suspensão e Destituição do Poder Familiar

A suspensão e a destituição do poder familiar constituem sanções impostas aos pais pela infração aos direitos ou abuso dos deveres que lhes são impostos pelo ordenamento jurídico quanto à criação e à educação de seus filhos menores. As regras estabelecidas pelo Código Civil levam em conta o interesse e o bem-estar do menor em face do efetivo abuso praticado pelo titular do poder familiar.

Tanto a suspensão como a destituição do poder familiar dependem de sentença judicial proferida em processo onde seja assegurado às partes o exercício do contraditório e da ampla defesa. O magistrado, entretanto, verificando que o menor não estará seguro em determinado ambiente enquanto durar a ação judicial, poderá removê-lo, provisoriamente, de sob a guarda de seus pais.

O poder familiar poderá ser *suspenso*, por ordem judicial, em requerimento formulado por algum parente do menor ou por membro do Ministério Público, quando demonstrado que o pai ou a mãe estejam abusando de sua autoridade ou arruinando os bens dos filhos.

A suspensão do poder familiar não precisa englobar, necessariamente, a suspensão de todos os direitos e deveres dos pais. O magistrado pode constatar que o pai não gerencia adequadamente o patrimônio do filho, mas, por outro lado, cumpre satisfatoriamente os deveres de guarda e educação do menor. Assim, suspenderá o poder familiar quanto à administração dos bens dos filhos menores, mas mantendo-o quanto à sua guarda e educação.

Caberá, pois, ao magistrado a análise do fato concreto e a aplicação das sanções necessárias para evitar prejuízos do menor, ainda que tenha de suspender o poder familiar somente em relação a um dos deveres dos responsáveis legais.

O poder familiar será igualmente suspenso se o pai ou a mãe forem condenados por sentença irrecorrível, em virtude de crime cuja pena exceda a 2 (dois) anos de prisão.

O pai e a mãe serão *destituídos* do poder familiar se, em sentença proferida em processo judicial, ficar comprovado que:

a. castigavam imoderadamente o filho – a infração ao poder familiar só se caracteriza quando houver abuso na aplicação do castigo;
b. deixavam o filho em abandono – englobando tanto o abandono físico como o moral;
c. praticavam atos contrários à moral e aos bons costumes; ou
d. incidiam, reiteradamente, nas faltas previstas no art. 1.637 do Código Civil, ou seja, agiam com abuso de autoridade para com os filhos ou arruinavam seus bens.

Da Extinção do Poder Familiar

A extinção do poder familiar ocorrerá:

a. *pela morte dos pais ou do filho* – se falecerem os pais durante a menoridade do filho, caberá ao juiz nomear-lhe tutor para cuidar dos interesses pessoais do menor;
b. *pela emancipação do menor, nos termos do art. 5º, parágrafo único, do novo Código Civil*;
c. *pela maioridade* – com a maioridade o indivíduo torna-se habilitado à prática de todos os atos da vida civil, extinguindo-se, portanto, o poder familiar;
d. *pela adoção* – na verdade, com a adoção não ocorre a extinção do poder familiar em si mesmo, mas sim a substituição dos responsáveis legais pelo

menor. Desse modo, o adotado apenas sai da esfera de controle de seu pai natural para submeter-se ao controle de seu pai adotivo;

e. *por decisão judicial* que destituir o pai ou a mãe do exercício do poder familiar.

Frise-se que as hipóteses de extinção e destituição do poder familiar são somente estas que acabamos de estudar. O pai ou a mãe que contrair novas núpcias ou que estabelecer união estável *não* perderá, relativamente aos filhos do relacionamento anterior, o direito ao poder familiar. Nesse caso, o poder familiar será exercido sem qualquer interferência do novo cônjuge ou companheiro.

9

Do Usufruto e da Administração dos Bens de Filhos Menores

Inicialmente, cumpre lembrar que usufruto é um direito conferido a alguém, durante certo tempo, de gozar ou fruir de um bem cuja propriedade pertence a outrem, assim como de retirar-lhe os frutos, rendimentos e as utilidades que este bem produz. O usufruto instituído pelo art. 1.689 do novo Código Civil é um usufruto legal, vez que o legislador confere ao pai ou à mãe, que estiverem no exercício do poder familiar:

a. o *usufruto* dos bens dos filhos que se achem sob seu poder; e
b. a *administração* dos bens dos filhos menores que estiverem sob sua autoridade, dispensando-se a prestação de contas relativamente aos frutos produzidos, já que o administrador, por expressa disposição legal, fará seus esses rendimentos.

Silvio Rodrigues[24] afirma que *"os rendimentos produzidos pelos bens dos filhos compensam-se com as despesas que o pai deve efetuar com*

[24] RODRIGUES, Silvio. *Direito civil*–Direito de família. 23. ed. São Paulo: Saraiva, 1998. p. 354-355.

sua criação e educação. Se é verdade que aos pais incumbem as despesas com a criação dos filhos quando estes não as possam atender, justo é também que, tendo os filhos bens para criarem-se e educarem-se, usem as rendas dos mesmos bens para tal fim".

Dentre as prerrogativas do poder familiar, também competirá aos pais, conjuntamente, e na falta de um deles ao outro, com exclusividade:

a. representar os filhos menores de 16 (dezesseis) anos;
b. assistir os filhos relativamente incapazes, ou seja, quando maiores de 16 (dezesseis) e menores de 18 (dezoito) anos ou até que sejam emancipados.

O intuito da lei, nesse caso específico, é impedir que o menor pratique atos que possam comprometê-lo materialmente no futuro. Isso porque a inexperiência de um jovem de pouca idade poderá trazer-lhe conseqüências inestimáveis, principalmente no que tange à administração de seu patrimônio.

Assim, competirá aos pais decidir, conjuntamente, a respeito de questões relativas aos filhos e aos seus bens. Se houver divergência entre eles, qualquer um deles poderá recorrer ao Poder Judiciário para que o magistrado, dentro das possibilidades apresentadas, dê a solução necessária e mais adequada aos interesses do menor.

É vedado aos pais alienar ou gravar de ônus real os imóveis dos filhos, ou contrair, em nome deles, obrigações que ultrapassem os limites da simples administração, salvo se por necessidade ou evidente interesse da prole, mediante prévia autorização do Poder Judiciário.

Suponha-se que o filho padeça de uma doença gravíssima, havendo necessidade de cirurgia para a qual o pai precisará vender imóvel de propriedade do filho a fim de custear as despesas médicas e hospitalares. Nesse caso, demonstrada a gravidade do problema e a necessidade imperiosa da medida, poderá o juiz autorizar a venda, pois a vida do menor é mais importante do que seus bens materiais propriamente ditos.

Caso os pais tenham extrapolado os poderes que lhes foram conferidos pela lei, alienando, gravando de ônus real bens imóveis de propriedade dos filhos, ou contraindo obrigações superiores aos limites da simples administração, poderão os interessados pleitear, judicialmente, a declaração de nulidade desses atos.

Nesses casos, serão legitimados para ingressar em juízo sob este título: os próprios filhos, seus herdeiros ou o representante legal do menor.

Ainda, em conformidade com expressa disposição legal, no art. 1.692, estabelece que

> *"Sempre que no exercício do poder familiar colidir o interesse dos pais com o do filho, a requerimento deste ou do Ministério Público o juiz lhe dará curador especial".*

Bens Excluídos do Usufruto e da Administração dos Pais

Não poderíamos deixar de ressaltar que, sob o poder familiar, o usufruto e administração dos bens dos filhos poderá sofrer limitações. Trata-se de hipóteses descritas na própria lei, sempre em favor dos interesses do menor e dos bens de sua propriedade.

Sendo assim, devemos dizer que se excluem do usufruto e da administração dos pais:

a. *os bens adquiridos pelo filho havido fora do casamento, antes do reconhecimento – "nestes casos visa-se a impedir que o reconhecimento seja apenas produto do intuito do pai, de beneficiar-se com a administração dos bens do filho. Se a intenção do pai que pretende reconhecer não for somente a de aproveitar-se da fortuna do filho, ele o reconhecerá de qualquer forma, privando-se, contudo, do usufruto e da administração dos bens do menor"*;[25]

---

[25] RODRIGUES, Silvio. *Direito civil* – Direito de família. 23. ed. São Paulo: Saraiva, 1998. p. 357.

b. *os valores auferidos pelo filho maior de dezesseis anos, no exercício de atividade profissional e os bens com tais recursos adquiridos*;
c. *os bens deixados ou doados ao filho, sob a condição de não serem usufruídos, ou administrados, pelos pais*;
d. *os bens que aos filhos couberem na herança, quando os pais forem excluídos da sucessão* – trata-se dos casos de indignidade, previstos no art. 1.814 e seguintes do novo Código Civil. A exclusão da sucessão por *indignidade* é uma sanção que o legislador aplica àqueles que praticaram determinados atos contra o autor da herança, de modo que não se justificaria sua qualidade de beneficiário da herança.

Contudo, as causas de exclusão da herança são pessoais. Não se aplicam aos descendentes do excluído a pena de exclusão da herança. Portanto, os filhos do excluído serão chamados a suceder, como se aquele morto fosse, mas os bens herdados pelos filhos não poderão ser administrados ou usufruídos pelo excluído.

10

Do Regime de Bens

Uma vez realizado o matrimônio, surgem para os consortes direitos e obrigações recíprocos, seja em relação à pessoa, seja em relação aos bens patrimoniais do cônjuge.

Para tanto, optam os nubentes, antes da celebração do casamento, pelo regime patrimonial dos bens a ser adotado, salvo se por expressa disposição legal tiverem de se submeter a um determinado regime, não lhes cabendo escolher outro.

A escolha do regime patrimonial dos bens será feita no processo de habilitação para o casamento. Se a opção for pelo regime da comunhão parcial de bens, reduzir-se-á a termo. Se a opção for por um dos demais tipos de regime de bens (comunhão universal, separação total ou participação final nos aqüestos), haverá a necessidade de lavratura de *pacto antenupcial*.

Uma vez escolhido o regime de bens pelos nubentes, este começa a vigorar na data da celebração do casamento e perdurará durante toda a constância da sociedade conjugal, a menos que os consortes, mediante autorização judicial, em requerimento motivado, solicitem a alteração do regime inicialmente escolhido.

O magistrado, ao decidir sobre o pedido de alteração do regime de bens, verificará a procedência das razões invocadas pelos cônjuges e, se entender conveniente, alterará o regime, ressalvando eventuais direitos de terceiros.

Do Regime da Separação de Bens

O Código Civil fala em regime da *separação de bens* para referir-se tanto àquele imposto por expressa disposição legal *(regime de separação obrigatória de bens)* como àquele convencionado entre as partes, antes da celebração do casamento, para o qual a lei exige o pacto antenupcial *(regime de separação convencional de bens).*

No regime da *separação de bens*, como o próprio nome diz, cada consorte conserva para si, com exclusividade, o domínio, a posse e a administração de seus bens particulares, presentes e futuros, bem como a responsabilidade pelos débitos anteriores e posteriores ao casamento.

Como se vê, o regime da *separação de bens* é o *gênero* do qual a *separação obrigatória* e *separação convencional* são *espécies*. Vejamos cada uma delas.

Do Regime da Separação Obrigatória de Bens

Embora, em princípio, possam os nubentes optar pelo regime de bens que julgarem mais conveniente, em algumas hipóteses o legislador impõe-lhes a adoção do regime da *separação obrigatória* de bens, retirando deles a liberdade de escolher outro regime qualquer.

Nesses casos, serão nulas de pleno direito as convenções em contrário, prevalecendo a determinação legal, por ser regra imperativa. Contudo, isso não significa dizer que os consortes casados sob o regime da separação obrigatória de bens não possam ter bens comuns: basta que adquiram conjuntamente quaisquer bens para que sejam co-proprietários deles.

Em conformidade com o art. 1.641 do Código Civil será obrigatório o regime da separação de bens no casamento:

a. *das pessoas que o contraírem com inobservância das causas suspensivas da celebração do casamento.*
b. *da pessoa maior de 60 (sessenta) anos* – para evitar os chamados *golpes do baú*;
c. *de todos aqueles que dependerem, para casar, de suprimento judicial.*

São causas suspensivas para a celebração do matrimônio aquelas elencadas no art. 1.523, I a IV, do novo Código Civil, que dispõe que não devem casar:

> *"I. o viúvo ou a viúva que tiver filho do cônjuge falecido, enquanto não fizer inventário dos bens do casal e der partilha aos herdeiros;*
> *II. a viúva, ou a mulher cujo casamento se desfez por ser nulo ou ter sido anulado, até dez meses depois do começo da viuvez, ou da dissolução da sociedade conjugal;*
> *III. o divorciado, enquanto não houver sido homologada ou decidida a partilha dos bens do casal;*
> *IV. o tutor ou o curador e os seus descendentes, ascendentes, irmãos, cunhados ou sobrinhos, com a pessoa tutelada ou curatelada, enquanto não cessar a tutela ou curatela, e não estiverem saldadas as respectivas contas".*

Trata-se de circunstâncias nas quais a lei impõe o regime da separação de bens tendo como escopo a proteção moral e material da prole, seja para evitar a *confusio sanguinis*, seja para não ocorrer a confusão de patrimônio.

Se provado que não haveria a confusão de sangue (*e.g.*, a viúva não estava grávida quando convolou segundas núpcias) e não haveria prejuízo patrimonial à prole (*e.g.*, já houve o inventário de bens do *de cujus* e foi dada a partilha aos herdeiros), não há por que impor aos nubentes a adoção do regime de separação obrigatória de bens.

Do Regime da Separação de Bens por Convenção dos Nubentes

O regime da *separação de bens* não vigorará apenas por expressa disposição legal. Pode ser que os nubentes, por meio de pacto antenupcial, acordem que o regime de bens adotado em seu casamento será o da separação de bens. Assim, uma vez *convencionada* a separação de bens, estes permanecerão sob a administração exclusiva de cada um dos consortes.

O regime da *separação convencional de bens* pode ser:

a. *absoluto* – não haverá comunicação de quaisquer bens, podendo cada um dos consortes que deles forem proprietários, aliená-los ou gravá-los de ônus real, *sem* que haja a necessidade da outorga do outro cônjuge. O regime da separação absoluta de bens é a única exceção à regra do art. 1.647 do novo Código Civil brasileiro, que disciplina sobre a anuência dos cônjuges para a prática de atos de disposição do patrimônio;

b. *relativo* – pelo regime da separação convencional relativa de bens poderão os cônjuges, por exemplo, estabelecer que o regime será o da separação de bens enquanto não tiverem filhos. Após, reger-se-á o casamento pelo regime da comunhão parcial. É evidente que todas essas questões devem ser previstas em *pacto antenupcial* e serão válidas desde que não infrinjam dispositivos legais.

Ainda que tenham optado pelo regime da *separação convencional de bens*, ambos os cônjuges serão obrigados a contribuir, na proporção dos rendimentos de seus trabalhos e de seus bens, para as despesas do casal, salvo se o contrário estipularam em pacto antenupcial.

Do Regime de Comunhão Parcial de Bens

O regime da *comunhão parcial de bens* é considerado pelo atual legislador o *regime legal* de bens, pois o novo Código Civil dispõe em seu art. 1.640 que

> *"Não havendo convenção, ou sendo ela nula ou ineficaz, vigorará, quanto aos bens entre os cônjuges, o regime da comunhão parcial".*

No regime da comunhão parcial de bens, cada cônjuge conserva para si os bens particulares que trouxer para o casamento e comunicam-se os adquiridos na constância da sociedade conjugal, com exceção daqueles cuja aquisição tenha por título uma causa anterior ao casamento, tais como:

a. *bens recebidos por doação ou sucessão e os sub-rogados em seu lugar* – os bens da herança são exclusivos de cada consorte e os recebidos por doação também, salvo se o doador dispuser em contrário, determinando que o bem passe a pertencer ao casal. Se um dos consortes vender algum bem de sua herança para a aquisição de outro, também não se comunicará este novo bem, pois foi sub-rogado no lugar daquele e como tal será incomunicável;
b. *bens adquiridos com valores exclusivamente pertencentes a um dos cônjuges em sub-rogação dos bens particulares* – se um dos consortes vender um imóvel que já era seu antes do casamento e, com o dinheiro, adquirir novo bem, esse também será incomunicável por força de expressa disposição legal;
c. *as obrigações anteriores ao casamento* – ainda que um dos consortes não cumpra obrigação que assumiu antes mesmo de se casar, não haverá como o credor cobrá-la de seu consorte, pois não há comunhão de obrigações anteriores ao casamento;
d. *as obrigações provenientes de atos ilícitos, salvo se revertidas em proveito do casal* – supondo-se que o nubente, antes do casamento, firme um contrato de empréstimo e, com o dinheiro obtido, ve-

nha a adquirir bens em proveito do casal. O não pagamento do débito na data avençada constitui ato ilícito, de modo que o credor poderá acionar ambos os consortes para o recebimento da quantia emprestada.

e. *os bens de uso pessoal, os livros e os instrumentos de profissão* – é o caso do músico profissional que, para o desenvolvimento de suas atividades, tenha adquirido, ao longo de sua vida conjugal, vários instrumentos raros e de altíssimo valor comercial; ainda que esses bens tenham sido comprados na constância da sociedade conjugal, não serão comunicáveis com os bens de sua consorte, provado que se trata de instrumentos de profissão;
f. *os proventos do trabalho pessoal de cada cônjuge* – é evidente que os proventos do trabalho de cada cônjuge, devido ao seu caráter pessoal, não se agregam ao patrimônio comum. Entretanto, cada cônjuge deverá contribuir, na proporção de seus rendimentos, para as despesas comuns do casal;
g. *as pensões, os meios-soldos, montepios e outras rendas semelhantes* – trata-se de bens de caráter personalíssimo, motivo pelo qual não entram na comunhão dos bens. O instituto do direito moderno que guarda maior semelhança com essa disposição legal são os planos de previdência, sejam públicos ou privados. Assim, não haverá comunhão dos valores recebidos a esse título, mas o titular poderá nomear seu consorte como beneficiário, após seu falecimento, dos rendimentos.

Do mesmo modo que a lei prevê hipóteses nas quais não haverá comunhão dos bens, também explicita aquelas onde a estreita colaboração dos consortes, para o fim de amealhar um patrimônio comum, deverá ser conhecida. Assim, presumem-se adquiridos na constância da sociedade conjugal os bens móveis, salvo se comprovado que o foram em data anterior.

Desse modo, entrarão para a comunhão:

a. *bens adquiridos na constância do casamento por título oneroso, ainda que em nome de apenas um dos cônjuges* – trata-se de uma hipótese bastante curiosa, pois do mesmo modo que o legislador previu que estarão excluídos da comunhão os proventos do trabalho pessoal de cada cônjuge, estipulou que entrarão na comunhão os bens adquiridos a título oneroso.

De início essa estipulação poderia levar a uma interpretação falaciosa, subentendendo-se que só entrariam na comunhão os bens que fossem adquiridos com outros valores que não os proventos do trabalho pessoal de cada consorte. Contudo, a limitação imposta pela lei refere-se tão-somente aos *proventos pessoais* de cada um. Assim, os bens por eles adquiridos com a economia de seus rendimentos passarão a integrar o patrimônio do casal, pois deixaram de ter caráter pessoal.

b. *bens adquiridos por fato eventual, com ou sem o concurso de trabalho ou despesa anterior* – para a melhor compreensão dessa hipótese citaremos alguns exemplos. Supondo-se que um dos consortes, contemplado com prêmio de loteria, venha a adquirir com esse dinheiro bens, móveis ou imóveis, estes entrarão para a comunhão. O mesmo ocorrerá se um dos cônjuges for ganhador de um concurso do *shopping center*, sendo contemplado com um carro 0 km, por exemplo;
c. *os bens adquiridos por doação, herança ou legado, em favor de ambos os cônjuges* – comunicar-se-ão os bens havidos nessas hipóteses se o doador estipular que ambos serão beneficiários de seu ato de disposição de última vontade.
d. *as benfeitorias em bens particulares de cada cônjuge* – não seria justo que um dos consortes, tendo auxiliado o outro na reforma de seu apartamento particular, no qual passaram a residir após o casamento, não tenha direito às benfeitorias realizadas nesse imóvel. Presume-se que ambos os consortes tenham contribuído para a melhoria e conservação do bem particular e por isso terão os mesmos direitos sobre essas benfeitorias;
e. *os frutos dos bens comuns, ou dos particulares de cada cônjuge, percebidos na constância do casamento, ou pendentes ao tempo de cessar a comunhão*: assim, os valores recebidos a título de aluguéis de imóvel pertencente a apenas um dos consortes será comum a ambos os cônjuges.

DA ADMINISTRAÇÃO DO PATRIMÔNIO DOS CÔNJUGES

Do Patrimônio Comum

A administração do patrimônio comum competirá a qualquer um dos cônjuges. Se comprovada a má administração dos *bens comuns* por um deles, o magistrado poderá determinar que apenas o outro a exerça com exclusividade.

As dívidas, contraídas no exercício da administração do patrimônio dos consortes, obrigará tanto os *bens comuns* quanto os *bens particulares* daquele que os administra. Obrigará, também, os bens particulares do *outro* consorte, se este houver tirado proveito dessas dívidas e na razão do proveito que tenha auferido.

A anuência de ambos os cônjuges é necessária para os atos, a título gratuito, que impliquem cessão do uso ou do gozo dos bens comuns. Sendo o casal proprietário de um bem imóvel, sobre o qual incide um contrato de comodato (empréstimo, a título gratuito, de coisas não fungíveis), para que este contrato seja válido, mister se faz a anuência de ambos os cônjuges. O art. 1.664, estabelece que

> *"Os bens da comunhão respondem pelas obrigações contraídas pelo marido ou pela mulher para atender aos encargos da família, às despesas de administração e às decorrentes de imposição legal".*

Do Patrimônio Particular

A administração e a disposição dos bens constitutivos do patrimônio particular competirá ao cônjuge proprietário, salvo se de maneira diversa houver sido convencionado em pacto antenupcial.

O art. 1.666, estabelece que

> *"As dívidas, contraídas por qualquer dos cônjuges na administração de seus bens particulares e em benefício destes, não obrigam os bens comuns".*

Dos Direitos e Obrigações dos Consortes Segundo o Regime Patrimonial de Bens

Independentemente do regime de bens adotado pelo casal, tanto o marido quanto a mulher podem livremente:

a. *praticar todos os atos de disposição e de administração necessários ao desempenho de sua profissão, exceto o de alienar e gravar de ônus real os bens imóveis* – ambos os consortes poderão praticar, livremente, os atos que lhes competirem no cumprimento de seus deveres profissionais. Ser-lhes-á, contudo, terminantemente vedado alienar ou gravar de ônus real os bens imóveis, ainda que de propriedade particular de apenas um dos consortes.

   Assim, o marido poderá gerenciar livremente sua empresa, mas necessitará da anuência de sua esposa para firmar um contrato de empréstimo com o banco, por exemplo, cujo bem dado em garantia seja o imóvel de sua propriedade exclusiva.

   Isso porque o art. 1.647, I, do Código Civil dispõe que

   > *"nenhum dos cônjuges pode, sem autorização do outro, exceto no regime da separação absoluta:*
   >
   > *I. alienar ou gravar de ônus real os bens imóveis"*,

   ainda que de propriedade particular de apenas um deles.
b. *administrar os bens próprios* – quaisquer dos cônjuges poderão administrar livremente seus bens particulares, sem necessitar da anuência do outro, salvo se a lei dispuser de maneira diversa. Poderá o consorte, por exemplo, realizar aplicações ou resgates em contas bancárias ou investimentos de sua titularidade, sem que para isso haja necessidade da anuência do outro.
c. *desobrigar ou reivindicar os imóveis que tenham sido gravados ou alienados sem o seu consentimento ou sem suprimento judicial* – ora, se a lei obriga que haja autorização do outro consorte ou suprimento judicial para os atos que importem na alienação ou que gravem de

ônus reais bens imóveis, poderá o cônjuge que não anuiu ao ato desobrigar o imóvel ou reivindicá-lo daquele que o possua sem seu consentimento.

A legitimidade para a propositura das ações baseadas no descumprimento dessa imposição legal é exclusiva do cônjuge lesado e de seus herdeiros. O terceiro prejudicado com a sentença favorável ao autor terá direito regressivo contra aquele que realizou o negócio jurídico. Se este já houver falecido, o terceiro prejudicado poderá pleitear que os herdeiros do cônjuge responsável respondam pelo seu prejuízo.

d. *demandar a rescisão dos contratos de fiança e doação, ou a invalidação do aval, realizados pelo outro cônjuge com infração ao disposto nos incisos III e IV do art. 1.647 do novo Código Civil* – se a lei exige que ambos os cônjuges anuam aos contratos de fiança, aval ou doação, então não há como subsistirem tais contratos sem o cumprimento desse requisito legal.

A legitimidade para a propositura de ações rescisórias de contratos eventualmente firmados com infração a essa determinação legal é exclusiva do cônjuge prejudicado e de seus herdeiros.

O terceiro prejudicado com a rescisão do contrato de fiança ou doação, bem como aquele que tiver o aval invalidado, terão direito regressivo contra o consorte que realizou o negócio jurídico com inobservância da imposição legal. Se este já houver falecido, à época da prolatação da decisão, o terceiro prejudicado poderá pleitear que seus herdeiros respondam pelo prejuízo sofrido.

e. *reivindicar os bens comuns, móveis ou imóveis, doados ou transferidos pelo outro cônjuge ao concubino* – mister se faz que o cônjuge prejudicado esteja separado de fato há mais de 5 (cinco) anos e comprove que os bens reclamados não foram adquiridos pelo esforço comum de seu consorte e do concubino. A legitimidade para reivindicar os bens comuns doados ao concubino é exclusiva do cônjuge prejudicado e de seus herdeiros.

f. *praticar todos os atos que não lhes forem vedados expressamente* – enfim, para todos os demais atos que a lei não exija o consentimento do outro, poderão os cônjuges praticá-los livremente.

g. *comprar, inclusive a crédito, as coisas necessárias à economia doméstica;*

h. obter, por empréstimo, as quantias que a aquisição dessas coisas possa exigir – em que pese a permissão da lei para a aquisição, por qualquer dos consortes, de bens necessários à economia doméstica, é preciso lembrar que as dívidas contraídas para tais fins obrigam *solidariamente* ambos os cônjuges.

Salvo se casados no regime da *separação convencional absoluta de bens*, nenhum dos cônjuges poderá, na constância do casamento, sem a autorização do outro:

i. alienar ou gravar de ônus real os bens imóveis – o intuito do legislador é o de proteger financeiramente a família, já que, geralmente, os bens imóveis possuem valores significativamente mais altos do que os bens móveis. Assim, a necessidade de obter autorização de ambos os consortes para alienar ou gravar de ônus real os bens imóveis trará uma segurança ao patrimônio e, conseqüentemente, à família.

j. pleitear, como autor ou réu, acerca desses bens ou direitos – justamente pelas mesmas razões acima expostas, ambos os consortes deverão figurar, como autores ou réus, nas ações que versem sobre bens ou direitos referentes ao patrimônio do casal.

l. prestar fiança ou aval – busca-se evitar surpresas para um dos consortes a propósito de garantias eventualmente assumidas pelo outro, à sua revelia, sobre as quais poderão advir dívidas para o casal.

m. fazer doação, não sendo remuneratória, de bens comuns, ou dos que possam integrar futura meação – são proibidas as doações para evitar que os atos praticados unilateralmente por qualquer dos consortes tragam à família situações de dificuldades financeiras. Serão permitidas as doações remuneratórias porque visam ao pagamento de um serviço prestado, não significando um ato de disposição de vontade.

Uma exceção à esta regra é a validade das doações nupciais feitas aos filhos quando casarem ou estabelecerem economia própria.

Suprimento da Outorga Uxória ou Marital

A outorga marital ou outorga uxória poderá ser suprida, por ordem judicial, em petitório requerido por qualquer dos consortes, quando o outro, sem motivo justo, se negue a conceder autorização ou seja-lhe impossível concedê-la. Supondo-se que um dos cônjuges esteja em coma e o outro necessite vender um dos imóveis pertencentes ao casal, poderá este, comprovando a necessidade e o justo motivo, requerer ao juiz que supra o consentimento daquele que está impossibilitado de fazê-lo.

A falta de autorização de um dos consortes, ou o não suprimento pelo magistrado, para a prática de atos para os quais a lei exige tais providências, tornará anulável esse ato, podendo o cônjuge prejudicado pleitear-lhe a anulação até 2 (dois) anos depois de terminada a sociedade conjugal.

Contudo, ainda que não tenha havido consentimento de um dos consortes nem suprimento judicial, mas o ato tenha sido aprovado, por instrumento público ou instrumento particular autenticado, por aquele que não o autorizou, tornar-se-á convalidado o negócio praticado, nada mais podendo reclamar o cônjuge ou seus herdeiros, sob esse título.

O art. 1.650 estabelece que

> *"A decretação de invalidade dos atos praticados sem outorga, sem consentimento, ou sem suprimento do juiz, só poderá ser demandada pelo cônjuge a quem cabia concedê-la, ou por seus herdeiros".*

Da Incapacidade para a Administração dos Bens da Sociedade Conjugal

Já vimos que, em regra, para a prática de certos atos relativos à administração dos bens comuns, a lei exige o consentimento de ambos os consortes. Mas há casos excepcionais em que não será possível a anuência de ambos: por exemplo, se um dos cônjuges estiver em lugar remoto e não sabido ou se estiver preso.

Dispõe o art. 1.570 do novo Código Civil:

> *"Se qualquer dos cônjuges estiver em lugar remoto ou não sabido, encarcerado por mais de cento e oitenta dias, interditado judicialmente ou privado, episodicamente, de consciência, em virtude de enfermidade ou de acidente, o outro exercerá com exclusividade a direção da família, cabendo-lhe a administração dos bens".*

Para casos como esses, tanto a administração dos bens do casal como a administração dos bens particulares do outro, segundo o regime adotado pelo casamento, será deferida apenas a um deles, cabendo-lhe: gerir os bens comuns e os bens particulares do consorte; alienar os bens móveis comuns; alienar os bens imóveis comuns e os bens móveis ou imóveis do consorte, mediante autorização judicial.

É imperioso notar, contudo, que o cônjuge que estiver na posse dos bens particulares do outro será para com este e para com seus herdeiros responsável: como *usufrutuário*, se o rendimento dos bens for comum; como *procurador*, se tiver mandato expresso ou tácito para os administrar; ou como *depositário*, se não for usufrutuário nem administrador.

Do Pacto Antenupcial

O *pacto antenupcial* é um contrato solene, formalizado por escritura pública e realizado antes do casamento, por meio do qual as partes dispõem sobre o regime de bens patrimoniais que vigorará na sociedade conjugal.

Será imprescindível o pacto antenupcial se o regime de bens escolhido pelos nubentes for o da comunhão universal, separação total ou participação final nos aqüestos. É da substância do ato que seja feito por *escritura pública* e, para que seja eficaz, que lhe siga o casamento. Logo, o matrimônio é *condição suspensiva* do pacto, cujos efeitos começam com sua celebração.

O pacto antenupcial somente poderá conter estipulações atinentes às relações econômicas dos cônjuges, presumindo-se não escritas cláusulas prejudiciais a um dos consortes ou contrárias à lei. Tratando-se de pacto antenupcial em que os consortes optem pelo regime de participação final nos aqüestos, pode-se convencionar a livre disposição dos bens imóveis, desde que particulares.

A eficácia do pacto antenupcial realizado por menor fica condicionada à aprovação de seu representante legal, salvo as hipóteses de regime obrigatório de separação de bens.

As convenções antenupciais, para valerem contra terceiros, deverão ser registradas, após o casamento, em livro especial, pelo oficial do Registro de Imóveis do domicílio dos cônjuges. A falta de registro do pacto antenupcial no Cartório competente não tornará nulo o ato, que continuará valendo entre os consortes e seus herdeiros, porém sem eficácia *erga omnes*.

Do Regime de Comunhão Universal

Ao contrário dos regimes de bens já abordados, o regime de comunhão universal de bens importa a comunicação de *todos os bens*, presentes e futuros, de ambos os cônjuges, bem como suas dívidas passivas, constituindo um só todo, uma só massa.

Nas sábias palavras de Maria Helena Diniz,[26] com o regime da comunhão universal de bens *"instaura-se o estado de indivisão, passando a ter cada cônjuge o direito à metade ideal do patrimônio comum. Antes da dissolução e partilha não há meação, mas tão-somente metade ideal de bens e dívidas comuns. Há comunicação do ativo e do passivo, pois há na comunhão universal de bens uma espécie de sociedade, disciplinada por normas próprias e peculiares"*.

Entretanto, embora haja a previsão de comunicabilidade de todos os bens dos consortes, presentes e futuros, a lei põe à salvo alguns deles, seja por suas próprias naturezas, seja pelos seus efeitos personalíssimos. Assim, excluem-se da comunhão universal:

[26] DINIZ, Maria Helena. *Curso de direito civil brasileiro* – Direito de família. 11. ed. São Paulo: Saraiva, 1996. v. 5. p. 145.

a. *bens doados ou herdados com a cláusula de incomunicabilidade e os sub-rogados em seu lugar* – se um dos consortes receber por herança um bem imóvel gravado com a cláusula de incomunicabilidade, este bem não entrará na massa comum, ainda que o regime de bens seja o da comunhão universal. Assim, se o consorte vier a aliená-lo e adquirir outro em seu lugar, este segundo também estará protegido pela cláusula de incomunicabilidade.
b. *bens gravados de fideicomisso e o direito do herdeiro fideicomissário, antes de realizada a condição suspensiva* – fideicomisso, nas palavras de Pinto Ferreira,[27] *"é uma forma de substituição em que o herdeiro ou o legatário recolhe a herança ou o legado, com a condição de transmiti-los ao seu substituto, por sua morte ou em tempo determinado".*

   Isso significa que o fiduciário é proprietário sob uma condição resolutiva; ocorrendo aquela condição, o bem passará para a propriedade do fideicomissário. Por esse motivo, é evidente que a propriedade tem de ser incomunicável, para que o fiduciário possa cumprir a fidúcia, qual seja a obrigação de transmitir a coisa.

   Silvio Rodrigues[28] leciona que *"se a propriedade se consolida nas mãos do fiduciário, em virtude de pré-morte do fideicomissário, ou se, com o advento da condição, os bens passarem para o patrimônio do fideicomissário, em ambas as hipóteses dá-se a comunicação".*
c. *as dívidas anteriores ao casamento, salvo se provierem de despesas com seu preparativo ou reverterem em proveito comum* – não se comunicam os débitos anteriores ao casamento, respondendo, com exclusividade, o cônjuge que os assumiu com seus bens particulares ou com os bens que ele próprio trouxe para a comunhão. Responderão ambos os consortes com o patrimônio comum se as dívidas forem provenientes dos preparativos do casamento ou se reverterem em proveito comum do casal.
d. *as doações antenupciais feitas por um dos cônjuges ao outro com a cláusula de incomunicabilidade* – o doador, que será o futuro consorte, busca apenas proteger o donatário.

---

[27] FRANÇA, Rubens Limongi (Coord.). *Enciclopédia Saraiva de direito*. São Paulo: Saraiva, 1977. v. 37. p. 169.

[28] RODRIGUES, Silvio. *Direito civil* – Direito de família. 23. ed. São Paulo: Saraiva, 1998. p. 179.

e. os bens de uso pessoal, os livros e instrumentos de profissão;
f. os proventos do trabalho pessoal de cada cônjuge; ou
g. *as pensões, meios-soldos, montepios e outras rendas semelhantes.*

Sobre estas três derradeiras hipóteses já havíamos falado, quando tratamos do regime da comunhão parcial de bens.

A incomunicabilidade dos bens acima indicados *não* se estende aos frutos, quando se percebam ou vençam durante o casamento. Assim, supondo-se que um dos consortes seja fiduciário de um bem imóvel que lhe foi deixado por herança, cuja incomunicabilidade é expressa por disposição legal, o bem, em si mesmo, será incomunicável; entretanto, comunicar-se-ão os valores auferidos a título de aluguéis do imóvel.

Da Administração do Patrimônio Comum dos Cônjuges

Quanto à administração dos bens do casamento sob o regime da *comunhão universal*, aplica-se o disposto no regime da *comunhão parcial.*

Da Extinção da Comunhão Universal de Bens

A *extinção* do regime da comunhão universal de bens dá-se com a *dissolução* da sociedade conjugal, ou seja, com a morte de um dos cônjuges; com a sentença de nulidade ou anulação do casamento; pela separação judicial; pelo divórcio. Contudo, embora a sociedade conjugal termine nessas hipóteses, os bens permanecerão *indivisos* até a partilha.

Se a extinção da sociedade conjugal se der pela morte de um dos cônjuges, seu consorte, nomeado inventariante, continuará na posse e administração dos bens até efetivada a partilha entre ele e os herdeiros do falecido. Se a dissolução se der pela separação judicial, o patrimônio será dividido em duas partes iguais, uma para cada consorte.

Caio Mário da Silva Pereira[29] ensina que, *"terminado o estado de indivisão, o consorte, ante a presunção* juris et de jure *de que sempre foi o titular de sua meação, imite-se na posse dos bens que a compõem, passando a ter o uso, o gozo e a disposição"*. Cumpre lembrar que o estado de indivisão termina com a partilha dos bens propriamente dita.

Desse modo, os cônjuges só estarão completamente desobrigados após extinta a comunhão e efetuada a divisão do ativo e do passivo, quando então cessará a responsabilidade de cada um deles para com os credores do outro.

Do Regime de Participação Final nos Aqüestos

O regime de *participação final nos aqüestos*, tratado expressamente pelo Código Civil em seus arts. 1.672 e seguintes, prevê a hipótese em que os consortes vivem como se fossem casados pelo regime da *separação de bens*, sendo que, no momento da dissolução da sociedade conjugal, dividirão por igual os bens adquiridos, onerosamente, na constância do casamento.

Rolf Madaleno[30] ensina que *"a eficácia desse regime de bens, quanto à efetiva participação final dos aqüestos, só surge com o fato jurídico da* dissolução da sociedade conjugal. *Antes disso o casal vive sob o regime da separação de bens. Na constância da sociedade conjugal, tudo o que os cônjuges adquirirem integrará o patrimônio de cada um. No momento da dissolução do casamento serão apurados os bens adquiridos na constância da sociedade conjugal, a título oneroso, e divididos pela metade para cada um dos cônjuges"*.

De certo modo, a doutrina e a jurisprudência já vinham albergando o regime da participação nos aqüestos como interpretação pretoriana do art. 259 do antigo Código revogado, que dispunha que,

[29] PEREIRA, Caio Mário da Silva. *Instituições de direito civil.* 18. ed. Rio de Janeiro: Forense, 1996. v. 5, p. 151.

[30] MADALENO, Rolf. *Direito de família* – Aspectos polêmicos. 2. ed. Porto Alegre: Livraria do Advogado, 1999. v. 6, p. 171.

> *"Embora o regime não seja o da comunhão de bens, prevalecerão, no silêncio do contrato, o princípios dela, quanto à comunicação dos adquiridos na constância do casamento".*

Silvio Rodrigues,[31] com grande propriedade, leciona que: *"o princípio da incomunicabilidade dos aqüestos teve sua rigidez entibiada pela idéia de que, entre os cônjuges, embora casados pelo regime da separação absoluta de bens, se estabelecia uma sociedade de fato, e os bens havidos em comum pertenciam à comunidade.*

Haveria, decerto, na conjugação de esforços, uma affectio societatis *e, se se permitisse que só um dos esposos recebesse o ganho, facultar-se-ia um enriquecimento indevido*".

O Código Civil atualmente em vigor tratou expressamente do regime da participação final nos aqüestos, dispondo que *"no regime da participação final nos aqüestos, cada cônjuge possui patrimônio próprio, e lhe cabe, à época da dissolução da sociedade conjugal, direito à metade dos bens adquiridos pelo casal, a título oneroso, na constância do casamento".*

Assim, os cônjuges manterão patrimônio próprio durante a constância da sociedade conjugal e dividirão o patrimônio adquirido, onerosamente, no momento da dissolução do casamento. Também já vimos que a sociedade conjugal termina com a morte de um dos cônjuges, pela nulidade ou anulação do casamento, pela separação judicial ou pelo divórcio. Então será na ocorrência de uma dessas hipóteses que se partilharão os bens adquiridos, onerosamente, na constância da sociedade conjugal.

Por *patrimônio próprio* subentende-se o conjunto de bens que cada cônjuge possuía ao se casar, bem como aqueles que adquiriu, a qualquer título, na constância do casamento. A administração dos *bens particulares* é exclusiva do cônjuge proprietário e, se forem bens *móveis*, poderão ser livremente alienados *sem* a anuência do outro consorte. Tratando-se de bens *imóveis*, não poderão ser vendidos ou dados em garantia sem a anuência do outro cônjuge, em conformidade com o disposto no art. 1.647 do novo Código Civil.

---

[31] RODRIGUES, Silvio. *Direito civil* – Direito de família. 23. ed. São Paulo: Saraiva, 1998. p. 169.

Sobrevindo a *dissolução da sociedade conjugal*, apurar-se-á o montante dos aqüestos, a fim de que sejam divididos entre os cônjuges. Os bens móveis, salvo prova em contrário, presumem-se adquiridos na constância do casamento e serão, também, objeto de divisão.

A divisão dos bens adquiridos onerosamente na constância da sociedade conjugal far-se-á meio a meio, excluindo a soma dos *patrimônios próprios* de cada consorte, quais sejam: os bens anteriores ao casamento e os que em seu lugar se sub-rogaram; os que sobrevieram a cada cônjuge por sucessão ou liberalidade; e as dívidas relativas a esses bens.

Ao determinar-se o montante dos aqüestos, computar-se-á o valor das doações feitas por um dos cônjuges, sem a necessária autorização do outro. Já vimos que os atos descritos no art. 1.647 do novo Código Civil dependem de prévia e expressa autorização de ambos os cônjuges para que sejam plenamente válidos. Se realizados sem essa autorização, o ato torna-se anulável, conforme preleciona o art. 1.649 do diploma legal.

Portanto, o cônjuge prejudicado ou seus herdeiros, quando da partilha dos bens adquiridos na constância do casamento sob o regime da participação final nos aqüestos, poderão:

a. pleitear, no momento da dissolução da sociedade conjugal, a anulação do ato praticado sem sua outorga, reivindicado o bem de terceiro que o possua; ou
b. declarar seu valor no monte partilhável, valor este que será equivalente ao da época da dissolução.

Sendo assim, incorpora-se ao monte o valor dos bens alienados em detrimento da meação, salvo se houver preferência do cônjuge lesado, ou de seus herdeiros, em reivindicá-los.

Pelas dívidas posteriores ao casamento, contraídas por apenas um dos cônjuges, somente este responderá, salvo prova de terem revertido, parcial ou totalmente, em benefício do outro. É evidente que, se no regime da participação final nos aqüestos, os consortes vivem como se fossem casados pelo regime da separação de bens, então cada um responderá pelas dívidas por si adquiridas, salvo se tiverem revertido em proveito do casal.

Aplicando-se esse mesmo princípio, se um dos cônjuges solveu uma dívida do outro com bens de seu patrimônio particular, o valor do pagamento deve ser atualizado e imputado, na data da dissolução, à meação do outro cônjuge.

No caso de bens adquiridos pelo trabalho conjunto, cada um dos consortes terá uma quota igual no condomínio ou no crédito por aquele modo estabelecido. Assim, se ambos os consortes trabalharam para adquirir um determinado bem móvel ou imóvel, reputar-se-ão co-proprietários do todo, cada qual titular de sua quota-parte ideal.

As coisas móveis, em face de terceiros, presumem-se do domínio do cônjuge devedor, salvo se o bem for de uso pessoal do outro. Ao contrário, os bens imóveis são de propriedade do cônjuge cujo nome conste do registro. Impugnada a titularidade, caberá ao cônjuge proprietário provar a aquisição regular desses bens.

O direito à meação dos cônjuges casados pelo regime de participação final nos aqüestos *não* é passível de renúncia, cessão ou penhora, durante o período em que vigorar a sociedade conjugal.

Partilha dos Aqüestos

Na dissolução do regime de bens por separação judicial ou por divórcio, o montante dos aqüestos será verificado à data em que cessou a convivência dos consortes, para que então seja formalizada a partilha.

Não sendo possível nem conveniente a divisão de alguns ou de todos os bens, calcular-se-á o valor destes, a fim de que sejam repostos, em dinheiro, ao cônjuge que deles não for proprietário. Se, ainda assim, não for possível a realização da reposição em dinheiro, os bens serão avaliados e, mediante autorização judicial, alienados em hasta pública, tantos quantos bastem para saldar o débito do cônjuge credor.

Dissolvendo-se a sociedade conjugal por morte de um dos consortes, verificar-se-á a meação do cônjuge sobrevivente, deferindo-se a herança aos herdeiros na forma estabelecida pelos arts. 1.784 e seguintes do Código Civil brasileiro. As dívidas de um dos cônjuges, quando superiores a sua meação, não obrigam o outro cônjuge ou seus herdeiros.

11

Dos Alimentos

Orlando Gomes,[32] com grande propriedade, define os *alimentos* como *"prestações para a satisfação das necessidades vitais de quem não pode provê-las por si. A expressão designa medidas diversas. Ora significa o que é estritamente necessário à vida de uma pessoa, compreendendo, tão-somente, a alimentação, a cura, o vestuário e a habitação; ora abrange outras necessidades, compreendidas as intelectuais e morais, variando conforme a posição social da pessoa necessitada. Na primeira dimensão, os alimentos limitam-se ao* necessarium vitae*; na segunda, compreendem o* necessarium personae. *Os primeiros chamam-se* alimentos naturais, *os outros,* civis ou côngruos".

Visto que os alimentos são prestações que objetivam atender às necessidades vitais, atuais e futuras, de quem não pode provê-las por si só, são legitimados para requerê-los, uns aos outros, os parentes, os cônjuges ou os companheiros.

---

[32] GOMES, Orlando. *Direito de família*. 14. ed. rev. e atual. por Humberto Theodoro Júnior. 3. tir. Rio de Janeiro: Forense, 2002. p. 427.

Da Reciprocidade do Dever de Alimentar

O direito de prestação de alimentos é recíproco entre pais e filhos, e extensivo a todos os ascendentes, recaindo a obrigação nos mais próximos em grau, uns em falta de outros. Supondo-se que o pai não tenha condições de prestar alimentos ao filho, poderá este requerer que seus avós os prestem, em conformidade com disposição legal contida no ordenamento jurídico pátrio.

Na falta dos ascendentes, cabe a obrigação de prestar alimentos aos descendentes, guardada a ordem de sucessão, e, faltando estes, aos irmãos, sejam eles *germanos* (irmãos que procedem do mesmo pai e da mesma mãe) ou *unilaterais*.

O fundamento do dever de prestar alimentos, conforme Orlando Gomes, *"encontra-se no princípio da solidariedade familiar. Embora se tenha fortalecido ultimamente a convicção de que incumbe ao Estado amparar aqueles que, não podendo prover à própria subsistência por enfermidade ou por outro motivo justo, necessitam de ajuda e amparo, persiste a consciência de que devem ser chamados a cumpri-lo, se não a satisfazem espontaneamente, as pessoas que pertencem ao mesmo grupo familiar. Os laços que unem, por um imperativo da própria natureza, os membros de uma mesma família impõem esse dever moral, convertido em obrigação jurídica como corretivo às distorções do sentimento de solidariedade"*.[33]

Da Quantificação dos Alimentos

Se de um lado os alimentos são a fonte de subsistência do indivíduo que os recebe, de outro também o são daqueles que os prestam. Assim, não poderão ser extremamente onerosos para não tornar impraticável o cumprimento do dever do alimentante.

[33] GOMES, Orlando. *Direito de família*. 14. ed. rev. e atual. por Humberto Theodoro Júnior. 3. tir. Rio de Janeiro: Forense, 2002. p. 429.

Desse modo, a quantificação dos alimentos deverá levar em conta a *capacidade* do alimentante e a *necessidade* do alimentando, fixando-os segundo essa proporção. Contudo, há que se dizer que os alimentos serão apenas os indispensáveis à subsistência quando a situação de necessidade resultar de *culpa* de quem pleiteia.

Se o parente que deve alimentos em primeiro lugar não estiver em condições de suportar totalmente o encargo, serão chamados a concorrer os de grau imediato. Sendo várias a pessoas obrigadas a prestar alimentos, todas devem concorrer na proporção dos respectivos recursos e, intentada a ação contra uma, poderão as demais ser chamadas a integrar a lide.

Para que não haja abuso e/ou onerosidade excessiva a qualquer das partes, dispõe o legislador, no art. 1.695, que

> *"São devidos os alimentos quando quem os pretende não tem bens suficientes, nem pode prover, pelo seu trabalho, à própria mantença, e aquele, de quem se reclamam, pode fornecê-los, sem desfalque do necessário ao seu sustento".*

Se não fosse assim, aqueles menos afeitos ao trabalho simplesmente quedariam-se inertes, imersos no ócio de suas vidas particulares, e pleiteariam dos seus parentes alimentos para prover-lhes a subsistência. Tal hipótese, evidentemente, não poderia ser permitida pelo ordenamento jurídico pátrio, sob pena de culminar numa completa distorção de valores, acarretando, para aqueles que estão em melhores condições financeiras, onerosidade excessiva em decorrência da indolência de outros.

Da Revisão dos Alimentos

Uma vez fixados pelo magistrado os alimentos, serão devidos pelo alimentante ao alimentando em determinada forma e periodicidade. Se, após a fixação do *quantum*, sobrevier mudança na situação financeira de quem os supre (alimentante), ou na de quem os recebe (alimentando), poderá o interessado reclamar ao juiz, conforme as circunstâncias: a exoneração; a redução; ou a majoração do encargo.

Portanto, sobrevindo mudança nas condições de quem os supre ou nas de quem os recebe, poderá o interessado pleitear a adequação dos alimentos à nova situação.

Da Transmissibilidade e Modo de Prestar Alimentos

O dever de alimentar é uma obrigação *personalíssima*, oriunda, conforme já vimos, da junção dos seguintes pressupostos:

a. existência de determinado vínculo de parentesco entre o alimentando e o alimentante;
b. estado de miserabilidade do alimentando, e
c. possibilidade econômico-financeira do alimentante de prestá-los.

Contudo, em que pese seu caráter personalíssimo, o dever de alimentar é transmissível aos herdeiros do alimentante, na forma do art. 1.694 do novo Código Civil. Isso porque os alimentos, com a morte do devedor, passam a ser considerados como dívidas do *de cujus*, cabendo aos seus herdeiros o respectivo pagamento nos limites da herança.

Nesse sentido, quanto ao modo de prestá-los, determina o legislador, no art. 1.701, que

> *"A pessoa obrigada a suprir alimentos poderá pensionar o alimentando, ou dar-lhe hospedagem e sustento, sem prejuízo do dever de prestar o necessário à sua educação, quando menor".*

A lei confere ao alimentante, nas hipóteses do art. 1.701 do Código Civil, uma *obrigação alternativa*, cabendo a ele a escolha daquela que melhor lhe convier, desde que não prejudique os interesses do alimentando.

Trata-se de uma faculdade reversível, podendo o alimentante alterá-la no curso do cumprimento da obrigação. Deste modo, poderá o devedor prestar alimentos por meio do fornecimento de numerário, durante um certo período e, após, passar a hospedar e sustentar o alimentando. Entretanto, competirá ao magistrado, observando o caso concreto e verificando as circunstâncias que o exigirem, fixar a forma do cumprimento da prestação.

Da Prestação de Alimentos aos Filhos

A Constituição Federal dispõe, no art. 227, que

> *"É dever da família, da sociedade e do Estado assegurar à criança e ao adolescente, com absoluta prioridade, o direito à vida, à saúde, à alimentação, à educação, ao lazer, à profissionalização, à cultura, à dignidade, ao respeito, à liberdade e à convivência familiar e comunitária, além de colocá-los a salvo de toda forma de negligência, discriminação, exploração, violência, crueldade e opressão".*

Portanto, é dever dos pais o sustento, a guarda e a educação dos filhos, até que eles possam prover a própria mantença com o fruto de seus trabalhos. Se os cônjuges estiverem separados judicialmente, contribuirão na proporção de seus recursos para a manutenção da prole, enquanto perdurarem as necessidades do alimentando (*filho*) e em conformidade com as possibilidades dos alimentantes (*pais*).

Da Ação de Alimentos

Para obter alimentos, o filho havido fora do casamento pode acionar o genitor, sendo facultado ao juiz determinar, a pedido de qualquer das partes, que a ação se processe em segredo de justiça.

Para intentá-la, o autor (alimentando) deverá comprovar seu parentesco com o réu (alimentante), bem como sua necessidade imediata em receber esses alimentos. O parentesco com o réu poderá ser comprovado pelo autor mediante a propositura de ação própria (investigação de paternidade) cumulada com o pedido de alimentos.

Ao despachar a inicial, o juiz poderá fixar, ao filho, nos termos da lei processual, os *alimentos provisionais*, também chamados de *ad litem*, ou seja, alimentos fixados pelo magistrado levando-se em conta os valores que serão gastos para o sustento do alimentando, além das despesas para custear a demanda.

A obrigação de prestar alimentos torna-se *exigível* desde o momento que o *alimentante* é *citado* na ação judicial. Contudo, após prolatada a sentença fixando os alimentos, poderá o magistrado utilizar-se de meios coercitivos para a efetivação do cumprimento da obrigação, tais como o desconto em folha de pagamento das pensões alimentícias ou a prisão do devedor pelo descumprimento do dever de prestar alimentos no prazo estipulado, conforme o art. 5º, LXVII, da Carta Magna

> *"Não haverá prisão civil por dívida, salvo a do responsável pelo inadimplemento voluntário e inescusável de obrigação alimentícia e do depositário infiel".*

Tais medidas coercitivas justificam-se justamente pelo caráter da obrigação, qual seja o atendimento das necessidades vitais do alimentando.

Da Prestação de Alimentos ao Cônjuge ou Companheiro

O dever de prestar alimentos ao cônjuge ou companheiro será devido a partir do momento em que houver a separação do casal, vez que na constância da sociedade conjugal, ou da união estável, não há que cogitar da prestação de alimentos, porque ambos devem concorrer, com o produto de seus trabalhos, para o sustento e despesas da família.

Poderão, contudo, ser arbitrados *alimentos provisionais*, antes mesmo da separação judicial, porque os alimentos destinam-se ao sustento dos consortes enquanto pender a lide.

Por *alimentos provisionais* subentendem-se os recursos para a manutenção e custeio do litígio, judicialmente antecipados em favor do litigante que não possa aguardar sem prejuízo o andamento e solução regular do processo. Os alimentos provisionais serão fixados pelo magistrado, nos termos da lei processual.

Com a separação e extinção da convivência do casal, o dever de sustento toma outra feição, passando a ser visto sob a forma de prestação de alimentos. Assim, aquele que necessitar poderá requerer ao outro que o auxilie, sob a forma de pagamento de prestações pecuniárias periódicas. Tanto poderão requerer alimentos aqueles que foram efetivamente casados quanto aqueles que viveram em união estável, nos termos do art. 1.723 e seguintes do novo Código Civil.

Portanto, na separação judicial litigiosa, sendo um dos cônjuges inocente e desprovido de recursos, prestar-lhe-á o outro a pensão alimentícia que o juiz fixar, obedecidos os critérios prescritos no art. 1.694 do novo Código Civil. Por outro lado, os alimentos serão apenas os indispensáveis à subsistência quando a situação de necessidade do alimentando resultar de culpa sua.

Isso porque o cônjuge declarado *culpado* somente poderá pleitear alimentos do cônjuge inocente se não tiver parentes em condições de prestá-los, nem aptidão para o trabalho, quando então o outro cônjuge será obrigado a assegurá-los, fixando o juiz apenas um valor indispensável à sua sobrevivência.

O direito aos alimentos é *irrenunciável*. Assim, poderá o credor não exercê-lo, sendo-lhe terminantemente vedado renunciar a ele. Ademais, seu respectivo crédito é insuscetível de cessão, compensação ou penhora.

Silvio Rodrigues[34] afirma que *"dada a importância que a questão de alimentos apresenta para o ordenamento jurídico, as regras que*

---

[34] RODRIGUES, Silvio. *Direito civil* – Direito de família. 23. ed. São Paulo: Saraiva, 1998. p. 367.

a disciplinam são de ordem pública e, por conseguinte, inderrogáveis por convenção entre os particulares. De modo que não se pode renunciar ao direito de exigir alimentos oriundos do parentesco, nem se pode ajustar que seu montante jamais será alterado, nem fazer qualquer espécie de convenção que possa, direta ou indiretamente, suspender a aplicação de quaisquer normas cogentes".

Da Extinção do Dever de Prestar Alimentos entre os Consortes ou Companheiros

Tendo em vista que a prestação alimentícia tem por finalidade atender às necessidades de uma pessoa que não pode, por si só, prover sua subsistência, cessa o dever de prestar alimentos (entre os ex-cônjuges ou ex-companheiros) quando o alimentando (*credor*) convolar núpcias, passar a viver em união estável ou em concubinato com outra pessoa.

O mesmo não acontece com o alimentante, vez que novo casamento do cônjuge devedor não extingue a obrigação constante da sentença de divórcio se esta versar sobre o direito aos alimentos.

Com relação ao alimentando (*credor*), cessará o direito a alimentos, se este tiver procedimento indigno em relação ao alimentante (*devedor*), nos termos do art. 1.708, parágrafo único, do Código Civil.

Independentemente da *ação revisional de alimentos*, o art. 1.710 estabelece que

> *"As prestações alimentícias, de qualquer natureza, serão atualizadas segundo índice oficial regularmente estabelecido".*

12

Do Bem de Família

Estabelece o art. 1.711 que

> *"Podem os cônjuges, ou a entidade familiar, mediante escritura pública ou testamento, destinar parte de seu patrimônio para instituir bem de família, desde que não ultrapasse um terço do patrimônio líquido existente ao tempo da instituição, mantidas as regras sobre a impenhorabilidade do imóvel residencial estabelecida em lei especial".*

Silvio Rodrigues,[35] ao explicar o instituto do bem de família, esclarece que *"a instituição decorre da possibilidade legal de o chefe de família poder separar de seu patrimônio um bem imóvel, destinando-o à residência dela. Sobre o prédio vai recair a cláusula de inalienabilidade e impenhorabilidade de modo a assegurar, dentro do possível e com as restrições*

[35] RODRIGUES, Silvio. *Direito civil* – Parte geral. São Paulo: Saraiva, 1997. p. 148.

que serão examinadas, um abrigo permanente para a família. As regras a respeito refletem a tendência do Estado no sentido de proteger a família".

Inicialmente, devemos observar que, de acordo com disposição do novo Código Civil, não são apenas os chefes de família que poderão requerer a instituição do bem de família. Basta que um dos consortes, ou o representante da entidade familiar, preencha os requisitos legais, para que sejam preservados alguns bens da família contra eventuais futuras penhoras e/ou alienações.

Por outro lado, além do Código Civil, a matéria também é tratada em lei especial (art. 1º da Lei 8.009/1990), que dispõe que:

> *"O imóvel residencial próprio do casal, ou entidade familiar, é impenhorável e não responderá por qualquer tipo de dívida civil, comercial, fiscal, previdenciária ou de outra natureza, contraída pelos cônjuges ou pelos pais ou filhos que sejam seus proprietários e nele residam, salvo nas hipóteses previstas nesta lei".*

Uma vez instituído o bem de família, sua impenhorabilidade durará enquanto viver um dos cônjuges ou, na falta destes, até que os filhos completem a maioridade.

Pressupostos para a Instituição do Bem de Família

Dentre os pressupostos para a instituição do bem de família destacamos:

a. *poderá ser instituído pelos cônjuges ou pela própria entidade familiar* – atualmente, não são todas as famílias que contam com a presença dos cônjuges e de sua prole. Nesse sentido, já vimos que são consideradas entidades familiares a união formada entre os cônjuges e os filhos e até mesmo aquelas formadas por apenas um dos genitores e os filhos.

Assim, para que se possa instituir o bem de família, mister se faz a existência de uma entidade familiar, pois o intuito do legislador ao prevê-lo foi o de preservar os bens pertencentes à família, excluindo-os, ou ao menos minimizando, eventuais riscos futuros, tais como penhoras e/ou alienações.

A impenhorabilidade do bem de família é oponível em qualquer processo de execução civil, fiscal, previdenciária, trabalhista ou de outra natureza, salvo se movidas por uma das exceções previstas no art. 3º da Lei 8.009/1990, das quais citamos algumas, apenas para elucidação da matéria: a impenhorabilidade do bem de família não será oponível em razão de créditos de trabalhadores da própria residência e das respectivas contribuições previdenciárias; pelo credor da pensão alimentícia; por obrigação decorrente de fiança concedida em contrato de locação.

b. *poderá ser instituída por escritura pública ou testamento* – ampliando a hipótese prevista na Lei 6.015/1973 (Lei de Registros Públicos), art. 260, que diz que

> *"A instituição do bem de família far-se-á por escritura pública, declarando o instituidor que determinado prédio se destina a domicílio de sua família e ficará isento de execução por dívida",*

o novo Código Civil prevê que a instituição do bem de família também poderá ser feita por testamento.

Aliás, se instituído por testamento, tanto poderá ser feito por um dos cônjuges, como por terceiro. Entretanto, quando terceiro instituir bem de família por testamento ou doação, a eficácia do ato dependerá da aceitação expressa de ambos os cônjuges ou da entidade familiar beneficiada.

Contudo, qualquer que seja a forma de instituição do bem de família, só será efetivamente constituído pelo registro de seu título no Cartório de Registro de Imóveis competente.

c. *limite do patrimônio da entidade familiar passível de instituição do bem de família* – diz o art. 1.711 do novo Código Civil que o bem de família não poderá ultrapassar 1/3 (um terço) do patrimônio líquido existente ao tempo de sua instituição. Esse limite máximo para que se grave de ônus real os bens da família deve-se ao fato de que, da mesma maneira que estes deverão ser preservados para a manutenção e integridade da família, também há que se considerar o fato de que o patrimônio do devedor responde por suas dívidas.

Portanto, não se pode permitir que a entidade familiar institua bem de família para eximir-se do cumprimento de obrigações por ela assumidas, especialmente quando houver fundada ameaça a direito de credores. A instituição do bem de família só será deferida quando o instituidor comprovar que ele continua solvente para pagar suas dívidas. Caso contrário, o interessado poderá requerer ao Poder Judiciário a anulação da instituição do bem.

Dos Bens Passíveis de Instituição do Bem de Família

O art. 1.712 estabelece que

> *"O bem de família consistirá em prédio residencial urbano ou rural, com suas pertenças e acessórios, destinando-se em ambos os casos a domicílio familiar, e poderá abranger valores mobiliários, cuja renda será aplicada na conservação do imóvel e no sustento da família".*

Entretanto, os *valores mobiliários* destinados à conservação do imóvel e sustento da família não poderão exceder o valor do prédio na época em que foi instituído como bem de família. Para tanto, deverão cumprir os seguintes requisitos:

a. *valores mobiliários* – serão devidamente individualizados no instrumento de instituição do bem de família;
b. *títulos nominativos* – sua instituição como bem de família deverá constar dos respectivos livros de registro.

O instituidor do bem de família poderá determinar que a administração dos valores mobiliários seja confiada à instituição financeira. Poderá, igualmente, disciplinar a forma de pagamento da respectiva renda aos beneficiários, caso em que a responsabilidade dos administradores obedecerá às regras do contrato de depósito.

Impenhorabilidade do Bem de Família

O art. 1.715 estabelece que

> *"O bem de família é isento de execução por dívidas posteriores à sua instituição, salvo as que provierem de tributos relativos ao prédio, ou de despesas de condomínio".*

Se houver necessidade de penhorar e alienar o bem de família para pagamento de tais dívidas, este ato dependerá de autorização do juiz.

Contudo, eventual saldo remanescente, após o pagamento da dívida, será aplicado na aquisição de outro bem (sobre o qual também será instituído *bem de família*) ou na aquisição de títulos da dívida pública, visando ao sustento familiar, salvo se outras providências relevantes aconselharem solução diversa, a critério do magistrado.

Extinção do Bem de Família

O prédio e os valores mobiliários constituídos como bem da família não podem ter destino diverso daquele, ou seja, não poderão servir para outra finalidade que não seja a proteção e abrigo da entidade familiar. Desse modo, não poderão ser alienados sem o consentimento dos interessados e de seus representantes legais, ouvido o Ministério Público.

Afirmamos no início deste capítulo que, uma vez instituído bem de família, sua impenhorabilidade durará enquanto viver um dos cônjuges ou, na falta destes, até que os filhos completem a maioridade.

Contudo, o art. 1.719 estabelece que

> *"Comprovada a impossibilidade da manutenção do bem de família nas condições em que foi instituído, poderá o juiz, a requerimento dos interessados, extingui-lo ou autorizar a sub-rogação dos bens que o constituem em outros, ouvidos o instituidor e o Ministério Público".*

Administração do Bem de Família

A administração do bem de família caberá a ambos os cônjuges, em igualdade de condições, salvo disposto de maneira diversa quando o instituíram. Desse modo, havendo divergência entre os consortes, qualquer um deles poderá requerer ao magistrado que decida, resolvendo o conflito.

Com o falecimento de um dos cônjuges, a administração passará automaticamente ao outro. Após a morte de ambos, a administração passará ao filho mais velho, se for maior de idade e, caso contrário, ao seu tutor. Quando todos os filhos atingirem a maioridade (desde que não sujeitos à curatela) e após o falecimento dos cônjuges, extingue-se o bem de família.

A dissolução da sociedade conjugal não extingue o bem de família. Porém, se dissolvida a sociedade conjugal pela morte de um dos cônjuges, o sobrevivente poderá requerer a extinção do bem de família, se este for o único bem do casal.

13

Da União Estável

Antes de iniciar o estudo da união estável propriamente dita, cumpre fazer um breve apanhado histórico sobre o tema, com o propósito de elucidar a questão abordada à luz do novo ordenamento jurídico e dos conceitos morais e históricos vigentes nos dias atuais.

O legislador de 1916 ignorava, por completo, a família "ilegítima", tanto que fazia distinção entre os filhos havidos ou não na constância da sociedade conjugal. Além da carga preconceituosa sobre a família formada "fora dos padrões" da sociedade da época, o casamento, uma vez celebrado, não podia ser desfeito, a não ser pela anulação, ou nulidade, ou morte natural de um dos cônjuges.

Assim, *"além de outras causas geradoras do concubinato, talvez a mais importante tenha sido justamente a inexistência do divórcio a vínculo em nosso País. Esse fato fazia com que um número imenso de pessoas desquitadas, ou mesmo apenas separadas de seus respectivos cônjuges, contraíssem uma nova ligação, de caráter durável, que realmente se alongava no tempo, havendo filhos um do outro, não raro a mulher ajudando o marido na constituição de um patrimônio que era adquirido em nome dele, mas produto do esforço de ambos".*[36]

Durante muitos anos, antes mesmo do advento da Constituição Federal de 1988, a questão já era posta em discussão nos Tribunais brasileiros. E, em decorrência de vários acórdãos proferidos, o Supremo Tribunal Federal editou a Súmula 380, que dispõe que

> *"comprovada a existência de sociedade de fato entre os concubinos, é cabível a sua dissolução judicial, com a partilha do patrimônio adquirido pelo esforço comum".*

Desse modo, a súmula vinha sendo aplicada para repartir o patrimônio granjeado pelos conviventes enquanto não havia sido efetivamente normatizada a matéria.

Com a Constituição Federal de 1988, além da extinção da distinção entre filhos legítimos e ilegítimos, ficou expressamente consignado, no art. 226, § 3º, que

> *"Para efeito da proteção do Estado, é reconhecida a união estável entre o homem e a mulher como entidade familiar, devendo a lei facilitar sua conversão em casamento".*

A partir desse momento, a conotação de família, na sociedade brasileira, passou a ser outra, alterando para melhor o conceito do instituto e diminuindo o fardo dos filhos que, por uma infelicidade, haviam nascido de uniões extraconjugais.

O tema da união estável, ventilado na Carta Magna, só posteriormente veio a ser regularizado pelas Leis ordinárias 8.971/1994 e 9.278/1996.

Contudo, até hoje, diz Rodrigo da Cunha Pereira: *"definir união estável não é muito simples, porque também não é nada simples, na atualidade, o conceito de família. Aliás, esse é o grande desafio do Direito*

---

[36] RODRIGUES, Silvio. *Direito civil* – Direito de família. 23. ed. São Paulo: Saraiva, 1998. p. 250.

de Família contemporâneo. Definir união estável começa e termina por entender o que é uma família. A partir do momento que a família deixou de ser o núcleo econômico e de reprodução para ser o espaço de afeto e de amor, surgiram novas e várias representações sociais para ela. O art. 226 da Constituição enumera três: casamento, união estável e qualquer dos pais que viva com seus descendentes. Mas há outras. Os arranjos familiares na sociedade atual são muitos",[37] assim como o é a gama de particularidades ligadas ao direito de família, mas, especialmente, à união estável, da qual passaremos a tratar nas linhas que seguem.

Conceito e Requisitos da União Estável

O novo Código Civil, em seu art. 1.723, reconhece como entidade familiar a união estável entre o homem e a mulher, configurada na convivência pública, contínua e duradoura e estabelecida com o objetivo de constituição de família.

A união estável não se constituirá se os conviventes estiverem impedidos para o casamento, conforme dispõe o art. 1.521 do Código Civil. Entretanto, o impedimento descrito no art. 1.521, inciso VI:

> *"Não podem casar: (...)*
>
> *VI. as pessoas casadas"*

não implica óbice ao reconhecimento da união estável, vez que o legislador, expressamente, consignou que não se aplica essa norma se a pessoa, embora casada, estiver separada de fato ou judicialmente.

[37] DIAS, Maria Berenice; PEREIRA, Rodrigo da Cunha (Coord.). *Direito de família e o novo Código Civil.* 2. ed. 2. tir. Belo Horizonte: Del Rey, 2002. p. 227.

O legislador tanto reconhece a validade da união estável de pessoas que, embora casadas, estejam separadas de fato ou judicialmente de seus consortes, que disciplinou sobre as conseqüências dos atos por elas praticados, determinando no art. 1.801, III, que

> *"Não podem ser nomeados herdeiros nem legatários:*
>
> *III. o concubino do testador casado, salvo se este, sem culpa sua, estiver separado de fato do cônjuge há mais de cinco anos".*

É evidente que o ordenamento jurídico não poderá permitir mais de um casamento ou união estável ao mesmo tempo. No entanto, se comprovado que o cônjuge "casado" estava separado de fato ou judicialmente quando iniciou a convivência pública e duradoura com outra pessoa, não haverá como ignorar o instituto da união estável, devido à constituição de nova família sobre a qual o direito brasileiro passou a se preocupar com maior afinco.

As causas suspensivas do casamento *não* impedem a caracterização da união estável. Então, serão reconhecidas as convivências públicas, contínuas e duradouras dos indivíduos elencados no art. 1.523 do novo Código Civil que, embora não casados, convivam com pessoa do sexo oposto no intuito de constituir família.

As relações pessoais entre os companheiros obedecerão aos deveres *de lealdade, respeito e assistência recíprocos*; e de *guarda, sustento e educação dos filhos.*

Em respeito aos paradigmas e regras que norteiam a honra e a probidade, a união estável deverá seguir o princípio de fidelidade recíproca entre os companheiros. Talvez este seja o elemento básico caracterizador da união estável, pois esta tem o propósito de vida em comum, contínua e duradoura, com o objetivo de constituição de família. Se não houver lealdade e respeito entre os companheiros, não se pode admitir a união estável.

Por outro lado, assim como no casamento, os companheiros deverão prestar-se assistência recíproca e zelar pela guarda, sustento e educação dos filhos eventualmente advindos desta união.

Do Regime Patrimonial de Bens

Seguindo disposição legal contida na Lei 9.278/1996, o novo Código Civil estabeleceu que, salvo contrato escrito entre os companheiros, aplicar-se-á, às relações patrimoniais na união estável, no que couber, o regime da comunhão parcial de bens.

Os bens móveis e imóveis adquiridos por um ou por ambos os conviventes, na constância da união estável e a título oneroso, são considerados fruto do trabalho e da colaboração comum, passando a pertencer a ambos, em condomínio e em partes iguais, se não estipularam de maneira diversa em contrato escrito.

Contudo, se provado que a aquisição patrimonial deu-se com o produto dos bens pertencentes a um dos companheiros antes do início da união, então esse bem não será passível de partilha quando da dissolução da união estável. Trata-se do princípio da sub-rogação real, segundo o qual o bem adquirido por um dos conviventes toma o lugar do produto de sua venda e, como tal, *não* é partilhado.

Por fim, é preciso que se diga que a administração do patrimônio comum também competirá a ambos os conviventes, salvo estipulação contrária em contrato escrito.

Da Conversão da União Estável em Casamento

A união estável poderá converter-se em casamento mediante pedido dos companheiros ao juiz e assento no Registro Civil. Embora reconhecida como entidade familiar, a união estável entre homem e mulher *não* é casamento, mas *poderá* converter-se em tal se as partes assim intentarem.

Segundo já dispunha o art. 8º da Lei 9.278/1996,

> *"Os conviventes poderão, de comum acordo e a qualquer tempo, requerer a conversão da união estável em casamento,*

por requerimento ao oficial do Registro Civil da Circunscrição de seu domicílio".

DO CONCUBINATO

Dispõe o art. 1.727 do novo Código Civil que

> *"As relações não eventuais entre o homem e a mulher, impedidos de casar, constituem concubinato".*

Embora com boa intenção, não foi muito feliz o legislador em definir o *concubinato* como a relação estável de pessoas impedidas de se casar. Isso porque impedidos de se casar são todos aqueles elencados no art. 1.521 do novo Código Civil, destacando-se dentre eles *"as pessoas casadas"*.

Ora, o que o legislador buscou com essa norma não foi impedir que as pessoas "casadas" vivessem em união estável, o que, evidentemente, é vedado por lei, mas sim impedir que as pessoas que não estivessem separadas de fato ou judicialmente pudessem requerer o reconhecimento da união estável.

Isso porque o § 1º do art. 1.723 do mesmo diploma legal define que será considerada união estável a convivência pública, contínua e duradoura de pessoas que, embora legalmente casadas, encontram-se separadas de fato ou judicialmente de seus respectivos consortes.

Dos conceitos acima citados depreende-se que *"a distinção entre concubinato e união estável faz-se necessária para aplicar as medidas e conseqüências jurídicas em cada um dos institutos. Os direitos e deveres decorrentes de uma união estável serão buscados no campo do Direito de Família utilizando-se seus marcos teóricos".*

"O concubinato, *assim considerado aquele* adulterino ou paralelo ao casamento *ou à* outra união estável, *para manter-se a coerência no ordenamento jurídico brasileiro – já que o Estado não pode dar prote-*

ção a mais de uma família ao mesmo tempo –, poderá valer-se da teoria das sociedades de fato e, portanto, no campo obrigacional".[38]

Nesse sentido, já defendia a tese o ilustre jurista Silvio Rodrigues, ao lecionar que *"solução mais liberal foi a que viu no concubinato a existência de uma sociedade de fato estabelecida entre dois concubinos, que unem seus recursos e esforços na constituição de um patrimônio comum. Assim sendo, dissolvida a sociedade, cada um dos sócios tem direito a uma parte dos bens comuns".*[39]

Demais questões pertinentes à união estável foram incluídas em artigos esparsos do novo Código Civil. Procedemos dessa mesma maneira, incluindo-os em capítulos distintos desta obra. Apenas como parâmetro de estudo, indicamos alguns artigos do Código onde serão encontradas matérias pertinentes à união estável: art. 1.622 (adoção); art. 1.708 (alimentos), art. 1.790 (sucessão); art. 1.636 e seguintes (guarda dos filhos).

Portanto, finalizamos o capítulo sem a mínima intenção de finalizar o estudo da matéria, que suscitará muitas discussões, outras tantas opiniões, tudo com o intuito de aperfeiçoá-la, de modo a fazer da união estável um instituto justo, equilibrado e altamente presente na atual sociedade brasileira.

Cada caso deverá ser analisado segundo suas próprias peculiaridades. A ciência jurídica é bela porque não é exata, de modo que a análise de um pleito versando sobre união estável deverá levar em conta não só os ditames legais, mas também o interesse das partes, os princípios do direito e as características socioculturais vigentes na sociedade naquele determinado período.

---

[38] DIAS, Maria Berenice; PEREIRA, Rodrigo da Cunha (coord.). *Op. cit.* p. 233.

[39] RODRIGUES, Silvio. *Direito civil* – Direito de família. 23. ed. São Paulo: Saraiva, 1998. p. 256.

14

Da Tutela

A tutela constitui-se de uma delegação do Estado para que determinada pessoa *assista* e *represente* menores que estejam privados do poder familiar. Nesse sentido, apresenta-se como um *munus publico* ao tutor, conferindo-lhe uma série de poderes e encargos para que zele pelos interesses pessoais do menor e administre-lhe o patrimônio.

Caberá ao tutor, relativamente aos interesses subjetivos do menor, dirigir-lhe a educação, defendê-lo e prestar-lhe alimentos. Outrossim, cumprir-lhe-á a prática de atos de administração dos bens particulares do menor, sendo que para o desempenho de alguns desses atos dependerá de prévia autorização do magistrado.

A tutela será deferida a uma determinada pessoa (*tutor*) sempre que o menor (*pupilo* ou *tutelado*) não se encontrar sob o manto do poder familiar, ou seja: quando os pais tiverem falecido; quando for decretada sua ausência; ou quando os pais decaírem do poder familiar.

Faz-se imperioso ressaltar que, como bem observa Silvio de Salvo Venosa,[40] *"o destinatário da tutela é objetivamente o menor e não o incapaz, pois somente o menor necessita do pátrio poder. Para os maiores incapazes o ordenamento reserva a curatela"*.

Espécies de Tutela

Tendo em vista a natureza do encargo, a tutela poderá apresentar-se de três maneiras distintas, a saber: testamentária, legítima ou dativa.

Tutela Testamentária

Caracteriza-se quando o pai e a mãe, em conjunto, por meio de testamento ou de qualquer outro documento autêntico, nomeiam tutor para cuidar dos interesses de seus filhos menores, em caso de eventual necessidade.

Entretanto, para que tenha eficácia a *tutela testamentária*, mister se faz que o pai e a mãe, ao tempo de suas mortes, estivessem no exercício do poder familiar sobre os filhos. Caso contrário, seria nula a nomeação de tutor para seus filhos menores, haja vista que ninguém poderá transferir um direito que não tem. Assim, se os pais tiverem sido destituídos do poder familiar, faltar-lhes-iam qualidades para indicar um tutor a seus filhos, de modo que eventual tutela testamentária nesse sentido não teria qualquer eficácia.

Por outro lado, será ineficaz a nomeação de tutor por apenas um dos pais se, na época de sua morte, estava vivo o remanescente. Nesse sentido, Washington de Barros Monteiro[41] observa que *"a nomeação de tutor para menor, que tenha pai vivo, será inconciliável, pela sua*

---

40 VENOSA, Sílvio de Salvo. *Direito civil* – Direito de família. São Paulo: Atlas, 2001, p. 325.

41 MONTEIRO, Washington de Barros. *Curso de direito civil*. 33. ed. São Paulo: Saraiva, 1992. p. 302.

natureza, com o exercício do pátrio poder (leia-se poder familiar), *implicando a sua supressão*".

Em caso de haver nomeação de mais de um tutor, por disposição testamentária, sem indicação de precedência, entende-se que a tutela foi cometida ao primeiro e que os outros suceder-lhe-ão pela ordem de nomeação, se ocorrer morte, incapacidade, escusa ou qualquer outro impedimento.

Tutela Legítima

Na falta de tutor nomeado pelos pais, incumbe a tutela aos parentes consangüíneos do menor, nesta ordem:

a. aos ascendentes, preferindo os de grau mais próximo ao mais remoto;
b. aos colaterais até o terceiro grau, preferindo os mais próximos aos mais remotos; se forem do mesmo grau, preferir-se-á os mais velhos aos mais moços.

Em qualquer das hipóteses, o juiz escolherá, dentre todos, aquele que demonstrar maior aptidão ao exercício da tutela, sempre para o benefício e em prol do menor.

Tutela Dativa

Dar-se-á a tutela dativa quando não houver tutor legítimo ou testamentário, ou quando estes tenham se escusado ou excluído da tutela ou, ainda, tenham sido removidos por não serem idôneos no exercício do referido *munus publico*. Nessas hipóteses, o juiz nomeará tutor idôneo e residente no domicílio do menor, ainda que com este não tenha qualquer vínculo de parentesco.

Qualquer que seja a espécie de tutela, aos irmãos órfãos nomear-se-á um só tutor, até porque a perda dos pais ou sua destituição do poder familiar geram conseqüências extremamente traumáticas para os filhos, de modo que a manutenção dos irmãos em um mesmo lar facilitará a continuidade, nos padrões por eles já conhecidos, de suas vidas.

Porém, aquele que institui menor herdeiro ou legatário seu poderá nomear *curador especial* para os bens deixados, ainda que o beneficiário se encontre sob o poder familiar ou tutela. Trata-se de hipótese excepcional, encontrando justificativa diante do interesse do testador na manutenção dos bens herdados pelo menor, que serão administrados por pessoa de confiança do próprio testador.

Da Tutela aos Menores Abandonados

Dispõe o art. 1.734 do novo Código Civil que

> *"Os menores abandonados terão tutores nomeados pelo juiz, ou serão recolhidos a estabelecimento público para este fim destinado, e, na falta desse estabelecimento, ficam sob a tutela das pessoas que, voluntária e gratuitamente, se encarregarem da sua criação".*

A expressão "menor abandonado" utilizada pelo legislador não é a mais adequada porque já vem carregada de uma série de conceitos preestabelecidos, os quais nem sempre coincidem com a realidade dos fatos.

Entretanto, ao utilizá-la, o legislador, por suposto, procurou abarcar os menores que, por não terem uma habitação certa e digna, nem meios de subsistência próprios, em razão do falecimento, desaparecimento ou desconhecimento de seus verdadeiros pais, encontram-se à deriva, vagando pelas ruas ou sem domicílio certo.

Mas não é só. Também poderão ser considerados "abandonados" os menores após a destituição do poder familiar, quando comprovado que sofrem maus-tratos de seus pais, são vítimas de castigos imoderados e encontram-se privados de alimentos, de cuidados e de higiene pessoal, ou, ainda, expostos a crueldade, abuso, negligência ou exploração.

Para esses menores, o ordenamento jurídico prevê tanto a nomeação de tutores quanto o recolhimento a estabelecimentos públicos destinados a este fim, lembrando-se que a Constituição Federal dispõe no art. 227 que

> *"É dever da família, da sociedade e do Estado, assegurar à criança e ao adolescente, com absoluta prioridade, o direito à vida, à saúde, à alimentação, à educação, ao lazer, à profissionalização, à cultura, à dignidade, ao respeito, à liberdade e à convivência familiar e comunitária, além de colocá-los a salvo de toda forma de negligência, discriminação, exploração, violência, crueldade e opressão".*

Igualmente, no art. 36 do Estatuto da Criança e do Adolescente (Lei 8.069/1990) disciplina que

> *"A tutela será deferida, nos termos da lei civil, a pessoa de até 21 (vinte e um)*[42] *anos incompletos.*
>
> *Parágrafo único. O deferimento da tutela pressupõe a prévia decretação da perda ou suspensão do pátrio poder*[43] *e implica necessariamente o dever de guarda".*

Dos Incapazes de Exercer a Tutela

Sabendo-se que o encargo da tutoria deve ser desempenhado pessoalmente por quem foi nomeado judicialmente, e considerando a importância da tutela e as conseqüências dela advindas – seja para o próprio menor, seja para seu patrimônio –, a lei exige que o tutor seja pessoa idônea e apta ao exercício do *munus publico*, dispondo, de maneira

---

[42] A maioridade foi alterada para 18 (dezoito) anos, de modo que a tutela dos menores será deferida às pessoas que ainda não tenham completado essa idade.

[43] Por outro lado, o novo Código Civil aboliu a denominação *pátrio poder*, substituindo-a por *poder familiar*.

taxativa, sobre a *incapacidade* de alguns para o desempenho de tais funções.

Na verdade, não se trata de *incapacidade* no sentido jurídico da palavra, mas sim de *impedimento* para que o nomeado exerça diligentemente as funções das quais foi incumbido judicialmente. Entretanto, utilizaremos a expressão *incapacidade* para acompanhar o disposto pelo legislador.

A incapacidade para o exercício da tutela é taxativa, de modo que não poderão ser tutores e serão exonerados da tutela, caso a exerçam:

a. *aqueles que não tiverem a livre administração de seus bens* – como exemplo, podemos citar os interditados e os falidos. Sabemos que nessas hipóteses o indivíduo estará impedido de exercer livremente os atos da vida civil. A Lei de Falências (Decreto-lei 7.661/1945), por exemplo, em seu art. 40, dispõe que

> *"Desde o momento da abertura da falência, ou da decretação do seqüestro, o devedor perde o direito de administrar os seus bens e deles dispor".*

É evidente que o falido não poderá ser nomeado tutor, pois, se não foi capaz de administrar seus próprios bens, não poderia sê-lo quanto aos bens do menor;

b. *aqueles que, no momento de lhes ser deferida a tutela, se acharem constituídos em obrigação para com o menor ou tiverem que fazer valer direitos contra este, bem como aqueles cujos pais, filhos ou cônjuges tiverem demanda contra o menor*;

c. *os inimigos do menor ou de seus pais ou que tiverem sido por estes expressamente excluídos da tutela*;

d. *os condenados por crime de furto, roubo, estelionato, falsidade, contra a família ou os costumes, tenham ou não cumprido pena*;

e. *as pessoas de mau procedimento, ou falhas em probidade, e as culpadas de abuso em tutorias anteriores*;

Em todas essas hipóteses há uma inegável incompatibilidade de interesses, de modo que a nomeação de tutor sem a observância desses preceitos poderia trazer prejuízos inestimáveis ao menor ou a seus bens.

f. aqueles que exercerem função pública incompatível com a boa administração da tutela – por fim, a derradeira hipótese de *incapacidade* para o exercício da tutela será a daqueles que exerçam função pública incompatível com o desempenho da função de tutor.

Da Escusa dos Tutores

Já vimos que a tutela é um dever imposto pelo Estado ao tutor, para atender a um interesse público, visando à efetivação do dever estatal de guardar e defender menores e seus bens quando seus pais, pelos motivos elencados na lei, não puderem fazê-lo. Nesse sentido, o dever jurídico de assumir a tutela é inescusável.

Também já estudamos que, em algumas hipóteses, o tutor estará impedido de exercê-la. Além desses impedimentos, acima abordados como incapacidade para o *munus publico*, o Código Civil em seu art. 1.736, estabelece que o(a) tutor(a) eventualmente nomeado(a) poderá escusar-se do encargo em determinadas circunstâncias, ou seja, quando:

a. for mulher casada – resquício do antigo Código revogado. Parece não haver muita razão na manutenção dessa hipótese específica no atual Código Civil. A nosso ver, a mulher casada só estaria dispensada do encargo da tutoria se comprovasse que não poderia exercê-la diligentemente devido aos afazeres de sua vida familiar. Contudo, nos dias atuais, tanto as mulheres como os homens, casados ou não, exercem atividades dentro e fora do lar, não parecendo haver justificativa para que apenas a *mulher* casada se escuse da tutela;

b. tiver mais de 60 (sessenta) anos;

c. tiver sob sua autoridade mais de três filhos;

d. estiver impossibilitado por enfermidade;

e. já exercer tutela ou curatela.

Presume-se que em nenhuma das circunstâncias acima referidas a tutela seria exercida de maneira adequada. Contudo, trata-se apenas de *hipóteses* sobre as quais deverão os interessados, se for o caso, requerer a escusa no cumprimento do *munus publico*. Isso não significa dizer que não poderão exercer a tutela, mas tão somente que poderão escusar-se de seu cumprimento, justificando a recusa em face das hipóteses legalmente previstas.

f. *habitar longe do lugar onde deverá exercer-se a tutela* – a tutela, como já foi dito, deverá ser exercida pessoalmente. Ela presume uma série de deveres impostos ao tutor para o correto cumprimento do encargo, de modo que não seria viável ao tutor mudar-se para outra localidade para exercer esse encargo;
g. *for militar em serviço* – devido ao fato de que os militares mudam-se periodicamente, não seria aconselhável ao tutelado viver sob sua responsabilidade. Assim, a lei concede o direito ao militar em serviço, uma vez nomeado tutor, de escusar-se do cumprimento do *munus publico*;
h. *o tutor não for parente do menor, quando houver na localidade parente idôneo capaz de exercê-la* – dispõe o art. 1.737 do novo Código Civil que

> *"Quem não for parente do menor não poderá ser obrigado a aceitar a tutela, se houver no lugar parente idôneo, consangüíneo ou afim, em condições de exercê-la".*

Ao contrário das outras hipóteses, esta não versa sobre a impossibilidade presumida do tutor para exercer o encargo, mas sim sobre o caráter assistencial e de solidariedade familiar que fundamenta o instituto; *"não seria justo, assim, que um estranho fosse compelido a aceitá-lo, se há parentes que podem exercê-lo"*.[44]

---

[44] GOMES, Orlando. *Direito de família*. 14. ed. rev. e atual. por Humberto Theodoro Júnior. 3. tir. Rio de Janeiro: Forense, 2002. p. 409.

Do Exercício da Escusa

A escusa ao cargo de tutor apresentar-se-á nos 10 (dez) dias subseqüentes à designação pelo magistrado, sob pena de entender-se que houve renúncia ao direito de alegá-la. Se o motivo escusatório ocorrer depois de aceita a tutela, os 10 (dez) dias contar-se-ão da data em que este se verificar. Trata-se de um *prazo decadencial*, de modo que transcorrido *in albis*, sem a argüição do interessado, o tutor terá perdido a oportunidade para apresentá-la.

Uma vez apresentada a escusa, a autoridade judiciária poderá ou não admiti-la. Se não a admitir, proferirá sentença obrigando o nomeado a exercer a tutela. Se interposto recurso dessa decisão, e enquanto não houver sentença definitiva, continuará o nomeado no exercício provisório da tutela até que o recurso seja julgado pelo órgão competente.

Aquele que se escusa à tutela sem fundamento legal responderá desde logo pelas perdas e danos que o menor vier a sofrer advindos do retardamento da nomeação do tutor.

Do Exercício da Tutela

O exercício da tutela divide-se em duas vertentes: na primeira delas o tutor deverá ocupar-se dos *interesses subjetivos do menor*, tais como dirigir sua educação, defendê-lo e prestar-lhe alimentos; na segunda, competirá ao tutor *administrar os bens particulares do menor*. Sendo assim, o exercício da tutela estará sob controle judicial, seja sob a forma de *fiscalização* da autoridade judiciária, seja quanto à sua *intervenção obrigatória*, conforme for o caso.

Do Exercício da Tutela quanto à Pessoa do Menor

Incumbirá ao tutor, quanto à pessoa do menor:

a. *dirigir-lhe a educação, defendê-lo e prestar-lhe alimentos, conforme os seus haveres e condição* – a tutela, apresentando-se como um instituto que veio substituir o *poder familiar*, tem como fim precípuo proporcionar ao menor condições para que ele cresça em ambiente saudável e propício ao seu desenvolvimento moral, intelectual e social. Se é dever dos pais dirigir a educação de sua prole, defendê-la e prestar-lhe alimentos, então é evidente que estes deveres são repassados ao tutor nomeado.

Contudo, o art. 1.746 estabelece que

> *"Se o menor possuir bens, será sustentado e educado a expensas deles, arbitrando o juiz para tal fim as quantias que lhe pareçam necessárias, considerado o rendimento da fortuna do pupilo quando o pai ou a mãe não as houver fixado".*

b. *reclamar do juiz que tome providências, caso houver por bem, quando a situação do menor reclamar correção* – ao contrário dos pais, o tutor *não* poderá recorrer a castigos moderados para corrigir eventuais condutas não satisfatórias do menor. O exercício da tutela permite-lhe tão-somente a aplicação de punições de caráter moral, de modo que, em havendo necessidade, deverá reclamar ao magistrado para que providencie o que julgar necessário para a correção do pupilo;
c. *adimplir os demais deveres que normalmente cabem aos pais, ouvida a opinião do menor, se este já contar 12 (doze) anos de idade* – assim, incumbirá ao tutor estar presente na vida do menor, como se pai ou mãe fosse.

DO EXERCÍCIO DA TUTELA QUANTO AOS BENS DO MENOR

Conforme dito anteriormente, o exercício da tutela submete-se ao controle judicial, seja na forma de *fiscalização* da autoridade judiciária, seja sob a forma de *intervenção obrigatória*.

Com a nomeação do tutor, os *bens* do menor a ele serão entregues, mediante *termo especificado* contendo o valor de cada um. É imprescindível que se faça o *inventário* dos bens do pupilo, ainda que seus pais tenham dispensado tal formalidade. Essa providência é necessária para que o magistrado verifique a abrangência do patrimônio do menor, de modo que possa fiscalizar o exercício da tutela com segurança.

Se o patrimônio do menor for de valor considerável, poderá o juiz condicionar o exercício da tutela à prestação de caução bastante, podendo dispensá-la se o tutor for de reconhecida idoneidade. Poderá o magistrado, ainda, nomear um *protutor* para fiscalizar os atos praticados pelo tutor.

Antônio Carlos Mathias Coltro[45] ensina que *"ao protutor incumbe auxiliar o juiz, fiscalizando a atuação do tutor e informando ao magistrado sobre qualquer descuido ou malversação dos bens"* eventualmente por ele praticados.

Conforme se vê, o controle judicial sobre o exercício da tutela é abrangente, porque a lei preconiza que serão solidariamente responsáveis pelos prejuízos causados ao menor tanto as pessoas às quais competia fiscalizar a atividade do tutor quanto as que concorreram para o dano. Assim, até mesmo o magistrado poderá ser responsabilizado, na ocorrência das hipóteses abaixo mencionadas:

a. será *direta* e *pessoalmente responsável* quando não tiver nomeado tutor, ou não o houver feito oportunamente;
b. será *subsidiariamente responsável* quando não tiver exigido garantia legal do tutor, nem o tiver removido, quando este tenha se tornado suspeito.

Atos Fiscalizados pelo Magistrado

Entre as atividades do tutor que a lei exige sejam *fiscalizadas* pelo juiz, estão as de administrar os bens do tutelado, em proveito deste, cumprindo o tutor seus deveres com zelo e boa-fé. Assim, competirá ao tutor:

---

[45] DIAS, Maria Berenice; PEREIRA, Rodrigo da Cunha (Coord.). *Op. cit.* p. 272.

a. *representar o menor até os 16 (dezesseis) anos, nos atos da vida civil, e assisti-lo, após essa idade, nos atos em que ele for parte* – a tutela é uma substituição do poder familiar. Nesse sentido, sabendo-se que caberia aos pais representar ou assistir o menor, conforme sua idade, esse dever transfere-se ao tutor;
b. *receber as rendas e pensões do menor e as quantias a ele devidas;*
c. *efetuar as despesas para sua subsistência e educação, bem como para administração, conservação e melhoramentos de seus bens*;
d. *alienar os bens do menor quando destinados a venda;*
e. *promover-lhe, mediante preço conveniente, o arrendamento de bens de raiz.*

Tais deveres do tutor nada mais são do que o cumprimento das funções de administração dos bens e defesa dos interesses do menor, para o qual foi nomeada a tutoria.

Atos que Necessitam de Autorização do Magistrado

Se para algumas atividades do tutor a lei exige a inspeção judicial, para outras exige sejam *autorizadas* pelo magistrado. Podemos citar entre elas:

a. *pagar as dívidas do menor*;
b. *aceitar por ele heranças, legados ou doações, ainda que com encargos* – a aceitação de herança pressupõe o recebimento do ativo e do passivo do falecido. Assim, para que o tutor aceite a herança em nome do tutelado, mister se faz análise prévia pelo magistrado, com o fim de verificar se aquela aceitação não trará prejuízos ao menor;
c. *transigir* – no sentido literal do termo, transigir significa *"pôr fim a um litígio ou evitar uma demanda, mediante uma reciprocidade de concessões ou de renúncias das partes envolvidas"*.[46] Por tais motivos, a necessidade e/ou conveniência da transação deverá ser analisada pelo magistrado, sempre tendo em vista os interesses do menor;

---

[46] HOUAISS, Antônio; VILLAR, Mauro de Salles. *Dicionário Houaiss da língua portuguesa*, Rio de Janeiro: Objetiva, 2001. p. 2.751.

d. *vender-lhe os bens móveis, cuja conservação não convier, e os imóveis nos casos em que for permitido* – para que seja alienado bem do menor é preciso que se verifique a necessidade e/ou conveniência da alienação. Se a venda não trouxer benefícios ao pupilo, ou em se tratando apenas de ato de simulação do tutor que poderá causar-lhe prejuízos, o magistrado deverá impedir a alienação. Quanto aos bens imóveis, somente poderão ser vendidos quando houver manifesta vantagem para o menor, mediante prévia avaliação judicial e aprovação do juiz;
e. *propor em juízo as ações ou nelas assistir o menor, bem como promover todas as diligências para o bem deste, assim como defendê-lo nos pleitos contra ele movidos.*

Conforme se vê, para a prática de quaisquer desses atos a lei exige a prévia autorização do magistrado, sob pena de sua *anulabilidade*. Portanto, caso tenham sido praticados sem a prévia autorização da autoridade judiciária, deverá o tutor submetê-los à aprovação ulterior do magistrado, para que não padeça de vício capaz de invalidá-lo.

Como foi dito, o encargo da tutoria deverá ser desempenhado *pessoalmente* pelo tutor, sendo-lhe expressamente vedado delegá-lo. Contudo, se a administração dos bens e a persecução de interesses do menor exigirem conhecimentos técnicos, complexos ou realizados em lugares distantes do domicílio do tutor, poderá este, mediante *aprovação judicial*, delegar o cumprimento dessas funções a outras pessoas, físicas ou jurídicas.

Atos Vedados ao Tutor

Por fim, além dos atos do tutor que dependem de autorização ou fiscalização do magistrado, há outros cuja prática é expressamente *vedada* por lei. Desse modo, ainda que com autorização judicial, *não* pode o tutor, sob pena de *nulidade*:

a. *adquirir por si, ou por interposta pessoa, mediante contrato particular, bens móveis ou imóveis pertencentes ao menor* – busca-se com isso evitar que os atos praticados pelo tutor possam mascarar uma alienação fraudulenta em prejuízo do pupilo;

b. *dispor dos bens do menor a título gratuito* – a disposição de bens do pupilo certamente resultaria no seu empobrecimento, justificando-se então a expressa vedação legal;
c. *constituir-se cessionário de crédito ou de direito contra o menor* – o tutor não poderá utilizar-se do exercício da tutela para enriquecer-se às custas do tutelado. Aliás, antes de assumir a tutela, deverá declarar tudo o que o menor eventualmente lhe deve, sob pena de não poder cobrá-lo enquanto exercer a tutoria, salvo se provado que não conhecia o débito quando a assumiu.

Quanto à expressa vedação legal para a prática de quaisquer dos atos acima citados, Orlando Gomes[47] ensina que *"a proibição é estatuída em relação aos atos mediante os quais o tutor poderia sobrepor seus interesses aos do pupilo, prevalecendo-se de sua posição para obter vantagens em detrimento dos interesses que lhe incumbe preservar e defender. A incompatibilidade manifesta-se naqueles negócios em que se colocariam em posições contrapostas, indicativas de um conflito de interesses presumido pela lei"*. Reside aí, então, a justificativa para a expressa vedação legal.

Da Responsabilidade do Tutor pelo Exercício da Tutela

O tutor exerce um *munus publico*, vez que o exercício da tutela constitui uma delegação do Estado para a prática de uma digna e imprescindível missão social. Por esse motivo, é vedada qualquer *remuneração* pela prestação do serviço assumido.

Por outro lado, tendo em vista que o dever jurídico de assumir a tutela é irrecusável, salvo nas hipóteses do art. 1.736 do novo Código Civil, o ordenamento jurídico permite que o tutor receba uma *gratificação* pelo encargo assumido, proporcional à importância dos bens administrados, sem que isso signifique contraprestação.

[47] GOMES, Orlando. *Direito de família*. 14. ed. rev. e atual. por Humberto Theodoro Júnior. 3. tir. Rio de Janeiro: Forense, 2002.

Essa gratificação será paga com o fruto advindo da administração dos bens do próprio menor. Assim, é evidente que, quando se tratar de tutela de menores sem qualquer patrimônio, não haverá remuneração alguma, já que não existirão bens a serem administrados.

O tutor responderá pelos prejuízos que, por culpa ou dolo, eventualmente vier a causar ao tutelado. Contudo, terá direito a ser reembolsado pelo que realmente despender no exercício da tutela, salvo se se tratar de tutela de menores abandonados.

Serão solidariamente responsáveis pelos prejuízos eventualmente causados ao menor as pessoas às quais competia fiscalizar a atividade do tutor, bem como as que concorreram para o dano.

Da Responsabilidade do Tutor sobre os Bens do Tutelado

Na qualidade de administrador dos bens do pupilo, o tutor é obrigado a conservar o patrimônio do menor e geri-lo com prudência e responsabilidade. Assim, não poderá manter em seu poder mais dinheiro pertencente ao tutelado do que aquele necessário para as despesas ordinárias com o sustento, educação e administração de seus bens. Isso porque, em havendo excedente de valores advindos dos bens do tutelado, deverá o tutor aplicá-lo de modo a aumentar o patrimônio do pupilo.

Se houver necessidade de alienação dos bens do menor, os objetos de ouro e prata, as pedras preciosas e os móveis serão avaliados por pessoa idônea, e só após autorização judicial poderão ser vendidos.

O produto da alienação, nesse caso, poderá ser convertido em títulos, obrigações e letras de responsabilidade direta ou indireta da União ou dos Estados, atendendo-se, preferencialmente, à rentabilidade. Poderá, ainda, ser aplicado na aquisição de imóveis, conforme for determinado pelo juiz. Proceder-se-á de igual maneira quando se tratar de aplicação de dinheiro do menor de qualquer outra procedência.

O tutor deverá administrar com presteza o patrimônio do menor, sob pena de responder pela demora na aplicação dos valores acima referidos, sendo obrigado, neste caso, a pagar juros legais desde o dia em que deveria ter assim procedido. De qualquer forma, ainda que responsabilizado pela demora, não estará isento do cumprimento da obrigação.

Os valores pertencentes ao menor – sempre depositados em estabelecimento bancário oficial – não poderão ser retirados pelo tutor, senão mediante ordem do juiz e somente se necessário para:

a. pagamento das despesas com o sustento e educação do tutelado ou necessários à administração de seus bens;
b. compra de bens imóveis e títulos, obrigações ou letras, conforme autorização do magistrado;
c. cumprimento do disposto em testamento, devendo o tutor, em nome do menor, empregar o valor em conformidade com o disposto por quem os houver doado, ou legado;
d. entrega ao pupilo, quando emancipado ou quando adquirir a maioridade. Se morto o tutelado sem que tenha ocorrido quaisquer dessas hipóteses, o tutor poderá levantar o dinheiro para entregá-lo aos seus herdeiros.

Da Prestação de Contas

Como toda pessoa que administra bens alheios, a lei exige que o tutor preste contas de sua administração, ainda que os pais do tutelado tenham disposto de maneira diversa. Trata-se de um dever decorrente da lei, conseqüência do próprio exercício da tutela, de modo que eventual renúncia pelos pais do tutelado não desobriga o tutor do cumprimento desse dever.

A prestação de contas da administração da tutela será feita de duas maneiras, quais sejam:

a. *balanço* – as contas deverão ser apresentadas pelo tutor ao magistrado, ao final de cada ano da administração. Após a aprovação da autoridade judiciária, o balanço será anexado aos autos do inventário;

b. *prestação de contas* – o tutor deverá prestar contas, ordinariamente, de dois em dois anos *ou* quando, por qualquer motivo, deixar o exercício da tutela. Poderá o magistrado, outrossim, toda vez que julgar conveniente, determinar ao tutor que lhe preste contas da administração dos bens do pupilo.

As contas serão prestadas em juízo e julgadas após a audiência dos interessados. Se houver saldo remanescente, deverá o tutor recolhê-lo, imediatamente, em estabelecimento bancário oficial, ou adquirir bens imóveis, títulos, obrigações ou letras, em conformidade com disposição contida no § 1º do art. 1.753 do novo Código Civil.

Finda a tutela pela emancipação ou pela maioridade, a quitação não produzirá efeitos antes de aprovadas as contas pelo magistrado. Até este momento subsistirá por inteiro a responsabilidade do tutor. Em casos de morte, ausência, ou interdição do tutor, as contas serão prestadas por seus herdeiros ou representantes.

O tutor terá crédito de todas as despesas justificadas e reconhecidamente proveitosas ao menor, as quais, após aprovadas pelo magistrado, serão pagas pelo tutelado. O alcance dos atos de administração de bens praticados pelo tutor, bem como o saldo contra o tutelado, são dívidas de valor sobre as quais vencem juros desde o julgamento definitivo das contas.

Da Cessação da Tutela

Cessará a *condição de tutelado* com a ocorrência de uma das hipóteses abaixo:

a. *maioridade ou emancipação do menor* – como já vimos, a tutela é um instituto jurídico-familiar criado para proteger o menor desprovido do *poder familiar*. Sendo assim, é natural que a tutela cesse quando o pupilo atingir a maioridade ou emancipar-se, quando então estará habilitado para a prática de todos os atos da vida civil, não mais necessitando de quem o assista ou represente.

b. reconhecimento ou adoção do menor – cessará a tutela quando o menor for reconhecido por um de seus genitores ou quando for adotado, casos em que o menor estará sob o *poder familiar* da pessoa que o reconheceu ou adotou.

Ao lado da cessação da condição de tutelado está a extinção das *funções do tutor*, que ocorrerá nas seguintes hipóteses:

a. expirando o termo pelo qual o tutor era obrigado a servir – o tutor é obrigado a servir por espaço de 2 (dois) anos. Contudo, poderá continuar no exercício da tutela além do período mínimo previsto, se assim quiser e se a autoridade judiciária julgar conveniente ao menor;

b. sobrevindo escusa legítima do tutor – poderá o tutor solicitar ao magistrado que o dispense do exercício da tutela nas hipóteses previstas no art. 1.736 do novo Código Civil;

c. havendo remoção do tutor – o tutor poderá ser *destituído* do exercício da tutela quando negligente ou prevaricador. É uma sanção que se aplica ao tutor pelo descumprimento do dever a ele imposto. Também haverá a remoção do tutor quando incurso em incapacidade, ou seja, nas hipóteses previstas no art. 1.735 do novo Código Civil.

15

Da Curatela

A *curatela* é instituto jurídico que se assemelha à tutela, destinando-se à defesa dos interesses de pessoas que, embora maiores, não têm aptidão para administrarem, por si mesmas, seus próprios bens.

Orlando Gomes leciona que a *curatela* tem duplo alcance: *"ora é deferida para reger a pessoa e os bens de quem, sendo maior, está impossibilitado, por determinada causa de incapacidade de o fazer por si mesmo, ora para a regência de interesses que não podem ser cuidados pela própria pessoa, ainda que esteja no gozo de sua capacidade"*,[48] e continua afirmando que a curatela distingue-se da tutela pelos seguintes traços:

a. é dada aos maiores;
b. é sempre deferida pelo juiz;

---

[48] GOMES, Orlando. *Direito de família*. 14. ed. rev. e atual. por Humberto Theodoro Júnior. 3. tir. Rio de Janeiro: Forense, 2002. p. 417.

c. pode consistir simplesmente no poder de administrar bens;
d. os poderes do curador são mais restritos do que os do tutor.

Da Curatela dos Indivíduos Maiores e Incapazes

Estarão sujeitas a curatela as pessoas que não tiverem condições de administrar seus patrimônios, quais sejam:

a. as pessoas que, por enfermidade ou deficiência mental, não tiverem o necessário discernimento para os atos da vida civil;
b. as pessoas que, por qualquer causa duradoura, não puderem exprimir a sua vontade;
c. os deficientes mentais, os ébrios habituais e os viciados em tóxicos;
d. os excepcionais sem completo desenvolvimento mental;
e. os pródigos. Na definição de Silvio Rodrigues, *"pródigo é aquele que dissipa desvairadamente seu patrimônio, como se não tivesse noção da importância da riqueza material, na civilização moderna, de modo que, se lhe fosse permitido agir sem qualquer restrição, seu destino seria a integral miséria"*.[49]

Da Interdição

A curatela é deferida pelo magistrado em processo de *interdição*, onde o interessado provará a legitimidade para requerê-la, assinalando a incapacidade do interditando para reger sua pessoa e administrar seus bens. Serão legitimados para requerer a interdição as seguintes pessoas em relação ao interditando:

[49] RODRIGUES, Silvio. *Direito civil* – Direito de família. 23. ed. São Paulo: Saraiva, 1998. p. 400.

a. *pais ou tutores*;
b. *cônjuge ou qualquer parente* – que só será parte legítima para requerer a interdição se não estiver separado judicialmente ou de fato do interditando. Parentes legítimos a requerê-la subentendem-se aqueles compreendidos na ordem de vocação hereditária.
c. *o Ministério Público* – que só poderá agir em casos expressos, ou seja: quando a causa da interdição for de *doença mental grave*; se não existirem pais, tutores, cônjuge ou qualquer outro parente do interditando ou, embora existindo, *não* promoverem a interdição; ou se, embora existindo algumas das pessoas acima elencadas, forem elas *incapazes* para promover a interdição.

Nos casos em que a interdição for promovida pelo Ministério Público, o juiz nomeará defensor ao suposto incapaz; nos demais casos, o Ministério Público será chamado para defender o interditando.

Do Processo de Interdição

Antes de pronunciar-se acerca da interdição, o juiz, assistido por especialistas, examinará pessoalmente o argüido de incapacidade, interrogando-o minuciosamente acerca de sua vida, negócios, bens e o que mais lhe parecer conveniente e necessário para atestar o grau de incapacidade do interditando.

Entretanto, na maioria das vezes, entre a formulação do pedido de interdição e a sentença a ser proferida pelo magistrado, o interditando necessitará de um administrador provisório. Nesses casos, é facultado ao magistrado nomear-lhe um *curador provisório*, que se encarregará de administrar os bens do interditando até que se decida, de maneira definitiva, sobre a curatela.

A sentença pronunciada em processo de interdição poderá declarar incapacidade *permanente* ou *absoluta* do interditando, como também poderá reconhecer a incapacidade apenas para alguns atos de sua vida civil, concluindo, então, pela incapacidade *relativa* ou *temporária*.

Assim, se a causa versar sobre a incapacidade dos deficientes mentais, dos ébrios habituais, dos viciados em tóxicos, dos excepcionais sem completo desenvolvimento mental ou dos pródigos, o juiz fixará, segundo o estado ou o desenvolvimento mental do interdito, os limites da curatela.

Ao proferir a sentença de interdição, que produzirá seus efeitos desde logo, embora sujeita a recurso, o magistrado nomeará *curador definitivo* ao interdito, que poderá ser:

a. o cônjuge ou companheiro, não separado judicialmente ou de fato, do interdito;
b. na falta deste, o pai ou a mãe do interdito;
c. não havendo nenhum dos indivíduos acima citados, o descendente do interdito que demonstrar maior aptidão para o desempenho do cargo. Embora a lei estabeleça que, dentre os descendentes, os mais próximos precederão aos mais remotos, não estará o juiz adstrito ao cumprimento desta regra. Este poderá verificar que um dos filhos do interditando, embora não sendo o mais velho, tenha maior capacidade para exercer a curatela do que o primogênito. E isso não obstará ou invalidará a nomeação criteriosa feita pela autoridade judiciária.
d. por fim, na falta das pessoas acima mencionadas, competirá ao magistrado a escolha, a seu critério, de curador para o interditado.

A autoridade do curador estende-se à pessoa e aos bens dos filhos do curatelado, enquanto forem estes menores, nos termos do art. 5º do novo Código Civil brasileiro.

Do Exercício da Curatela

Aplicam-se à curatela basicamente as mesmas disposições concernentes à tutela, com algumas pequenas modificações. Por exemplo, quando se tratar de curatela *relativa* ou *temporária*, o magistrado delimitará a função do curador, de modo que ao interdito caberá a prática de outros atos que não lhe foram vedados.

A interdição do pródigo, por exemplo, só o privará de, *sem* a anuência do curador, emprestar, transigir, dar quitação, alienar, hipotecar, demandar ou ser demandado, ou seja, da prática, em geral, de atos que não sejam de *mera administração dos bens*.

Os curadores nomeados em curatela *absoluta* ou *definitiva* deverão limitar-se à prática de atos de simples administração dos bens do interdito, sendo que, para alguns deles, necessitarão de autorização judicial. Quanto à prestação de contas, deverá ser feita ao magistrado, conforme preconizam as disposições concernentes à tutela.

Quando o curador for o cônjuge do interdito e o regime de bens do casamento for de comunhão universal, não será ele obrigado a prestar contas ao magistrado, salvo se houver expressa determinação judicial em sentido contrário.

Da Recuperação do Interdito

Havendo meios de recuperar o interdito, o curador promoverá o encaminhamento da questão a exame, atendendo sempre à prescrição de especialistas, na busca da melhor solução terapêutica.

Da Curatela do Nascituro e do Enfermo ou Portador de Deficiência Física

Há duas derradeiras hipóteses especiais sobre curatela, que versam sobre o nascituro e sobre o enfermo ou portador de deficiência física.

O ordenamento jurídico brasileiro determina que será dado curador ao nascituro se o pai falecer estando grávida a mulher, quando ela não tiver o *poder familiar*. Para que tal hipótese ocorra, é mister que a própria mulher esteja sob curatela. Então, ocorrerá a *curatela prorrogada*, porque o mesmo curador nomeado para a mãe será o do nascituro.

A segunda hipótese de que tratou o legislador foi a da curatela deferida ao *enfermo*, ou ao portador de *deficiência física*, quando necessitarem de curador para cuidar de todos ou alguns de seus negócios ou bens. Frise-se que o legislador ampliou a curatela ao *deficiente físico*, inovando a atribuição que até então se restringia aos deficientes mentais.

A curatela, nesse caso, poderá ser requerida pelo próprio interditando ou por algum dos interessados a que alude o art. 1.768 do novo Código Civil, ou seja, seus pais ou tutores, o cônjuge ou qualquer outro parente ou, ainda, o Ministério Público.

PARTE II

DIREITO DAS SUCESSÕES

16

Da Sucessão em Geral

O direito das sucessões é o conjunto de normas e princípios que regulam a transmissão do *patrimônio* do falecido para seus herdeiros legais ou testamentários. Diz-se transmissão de *patrimônio*, pois com a herança opera-se a transferência tanto do ativo quanto do passivo do *de cujus*.

A sucessão abre-se no lugar do último domicílio do falecido e a *legitimação* para suceder será a do tempo da sua abertura, aplicando-se a lei vigente à época.

É a regra do art. 96 do Código de Processo Civil que dispõe:

> *"O foro do domicílio do autor da herança, no Brasil, é o competente para o inventário, a partilha, a arrecadação, o cumprimento de disposições de última vontade e todas as ações em que o espólio for réu, ainda que o óbito tenha ocorrido no estrangeiro".*

Silvio Rodrigues[50] esclarece que se "*é no momento do falecimento que o herdeiro é chamado a suceder, nesse momento é que deve ele ostentar a condição de herdeiro*".

A abertura da sucessão dá-se no exato momento do falecimento do autor da herança (o *de cujus sucessione agitur*), quando o domínio e a posse dos bens do falecido transmitem-se, desde logo, aos seus herdeiros legítimos e/ou testamentários.

Herança, na exata definição da palavra, significa a "*totalidade do patrimônio, incluindo bens, direitos e também dívidas, deixado por alguém em razão de seu falecimento, e que será distribuída entre os herdeiros*".[51] Assim, a herança defere-se como um todo unitário (*universitas juris*), ainda que vários sejam os herdeiros, sendo indivisível até se ultimar a partilha.

Espécies de Sucessão

A sucessão pode se dar por expressa disposição legal (*sucessão legítima*) e/ou por disposição de última vontade do autor da herança (*sucessão testamentária*).

Será deferida a *sucessão legítima*:

a. se o *de cujus* falecer *sem* deixar testamento, quando a totalidade da herança será transmitida aos seus herdeiros legítimos;
b. se o *de cujus* deixar testamento, compreendendo apenas uma parcela de seus bens. Neste caso, a parcela não compreendida no ato de disposição de última vontade será transmitida aos seus herdeiros legítimos;
c. se o *de cujus* deixou testamento, mas o mesmo caducou ou foi julgado nulo, a totalidade dos bens será igualmente transmitida aos seus herdeiros legítimos.

[50] RODRIGUES, Silvio. *Direito civil* – Direito das sucessões. 22. ed. São Paulo: Saraiva, 1998. p. 12.
[51] HOUAISS, Antônio; VILLAR, Mauro de Sales. *Op. cit.* p. 1.518.

A sucessão ainda poderá ser deferida a título universal ou singular:

a. *universal* – os herdeiros são chamados a suceder na totalidade dos bens deixados pelo *de cujus* ou sobre uma parte ideal dessa herança. Assim, se o autor da herança não houver deixado testamento, serão chamados a suceder todos os seus herdeiros, e cada um herdará uma parcela sobre a universalidade de bens da herança.
Por outro lado, poderá ocorrer que o autor da herança, mesmo tendo deixado testamento, não especifique quais bens pertencerão a cada herdeiro. Assim, estes serão igualmente chamados a suceder a título universal, nos limites do disposto em testamento;
b. *singular* – ao contrário, a sucessão operar-se-á a título singular quando o testador determina quais bens serão destinados a cada testamenteiro. Para haver sucessão singular mister se faz a existência de um testamento; se não houver, o herdeiro herdará a título universal, pois a herança – repetimos – é uma *universitas juris*.

Limites dos Atos de Disposição da Herança

Dispõe o art. 1.789 do novo Código Civil que

> *"Havendo herdeiros necessários, o testador só poderá dispor da metade da herança",*

pois a outra metade constitui a *legítima* e como tal deverá ficar reservada aos herdeiros necessários.

A companheira ou o companheiro participará da sucessão do outro relativamente aos bens adquiridos *onerosamente* na vigência da união estável, nas condições seguintes, conforme dispõe o art. 1.790:

> *"I. se concorrer com filhos comuns, terá direito a uma quota equivalente à que por lei for atribuída ao filho;*

> *II. se concorrer com descendentes só do autor da herança, tocar-lhe-á a metade do que couber a cada um daqueles;*
> *III. se concorrer com outros parentes sucessíveis, terá direito a um terço da herança;*
> *IV. não havendo parentes sucessíveis, terá direito à totalidade da herança".*

Nesse sentido, vale mencionar um recente julgamento do Superior Tribunal de Justiça, proferido pelo Ministro Ari Pargendler,[52] que entendeu que *"se não houver herdeiros necessários (ascendentes ou descendentes), o companheiro pode, em testamento, dispor livremente de seus bens; a companheira só tem direito de reclamar a meação, não o direito que resultaria da condição de herdeira".*

Da Abertura do Inventário e da Administração da Herança

A sucessão abre-se no momento do falecimento do *de cujus*, quando o domínio e a posse da herança transmitem-se aos seus herdeiros legítimos e testamentários. Porém, é por meio do *inventário* que serão enumerados os herdeiros e relacionados os bens da pessoa falecida, a fim de que se apurem os encargos e proceda-se à avaliação e partilha da herança.

A instauração de *inventário*, para fins de liqüidação e eventual partilha da herança, far-se-á no prazo de 30 (trinta) dias, a contar da abertura da sucessão, perante o juízo competente, qual seja o do último domicílio do falecido.

A herança defere-se como um *todo unitário*, ainda que vários sejam os herdeiros, permanecendo *indivisível* até que se ultime a partilha. Na qualidade de *universitas juris*, a herança é indivisível por expressa disposição legal, cuja principal conseqüência é a de gerar, para cada

[52] STJ, 3ª Turma, REsp 191.393-SP, rel. p./ac. Min. Ari Pargendler, v.u., j. 05/08/2001, DJU 29/10/2001, p. 201.

herdeiro, a legitimidade para reclamá-la, em sua totalidade, de quem injustamente a detenha.

Até a *partilha*, o direito dos co-herdeiros relativos à propriedade e à posse da herança será indivisível e regular-se-á pelas normas relativas ao condomínio. Assim sendo, cada herdeiro é co-proprietário apenas de uma *parte ideal* daquela universalidade de bens. Aplicando-se a regra do condomínio, se algum deles intentar alienar a terceiro sua *parte indivisa*, ou a fração ideal de que é titular, poderá livremente fazê-lo; mas não poderá jamais alienar um *bem* que componha o acervo hereditário, salvo com anuência dos demais herdeiros e co-proprietários, quando então o valor auferido na venda sub-rogar-se-á no lugar da coisa vendida.

Aberta a sucessão, os herdeiros receberão o ativo e o passivo do *de cujus*. Entretanto, não responderão por encargos superiores às forças da herança, incumbindo-lhes, se for o caso, a prova do excesso, salvo se houver inventário que a escuse, demostrando o exato valor dos bens herdados.

O direito à sucessão aberta, bem como o quinhão de que disponha o co-herdeiro, poderá ser objeto de cessão formalizada por escritura pública. É o que edita o *caput* do art. 1.793 do novo Código Civil.

A cessão a que alude a referida norma legal deve ser interpretada restritivamente, de modo que os direitos conferidos ao herdeiro, em conseqüência de substituição ou do direito de acrescer, presumem-se não abrangidos pela cessão feita anteriormente.

Exemplificando: caso o herdeiro *A* tenha firmado cessão de direito hereditário, mediante escritura pública para seu credor *X* e, após a formalização da cessão, os co-herdeiros *B* e *C* tenham renunciado às suas partes ideais sobre essa mesma herança, tais quotas não estarão abrangidas na primeira cessão feita para por *A* para seu credor *X*.

A cessão de direito hereditário só será eficaz se o herdeiro cedente (co-proprietário de parte ideal da *universitas juris*) dispuser sobre sua quota-parte e *não* sobre um bem da herança considerado singularmente. Explico: se o *de cujus* faleceu deixando 3 (três) imóveis e 3 (três) herdeiros, cada um terá direito à *parte ideal* de 1/3 (um terço) sobre *todos* os imóveis, o que poderá ou não corresponder a um imóvel inteiro. Se o valor dos imóveis for diferente, consequentemente as quotas-partes corresponderão a 1/3 (um terço) do todo. Assim, o contrato de cessão deverá versar sobre a *parte ideal* da herança, e não sobre um *imóvel específico*.

Igualmente, o art. 1.793, § 3º, estabelece que

> *"Ineficaz é a disposição, sem prévia autorização do juiz da sucessão, por qualquer herdeiro, de bem componente do acervo hereditário, pendente a indivisibilidade".*

O co-herdeiro não poderá ceder a sua quota hereditária a pessoa estranha à sucessão se outro co-herdeiro manifestar sua vontade em adquiri-la, pagando ao herdeiro cedente o mesmo valor que lhe pagaria terceiro a quem este tem a intenção de cedê-la. Os herdeiros poderão exercer o direito de preferência se as condições do negócio forem as mesmas.

Assim, o co-herdeiro, a quem não foi dado conhecimento da cessão, poderá, depositando o preço pago por terceiro, haver para si a quota cedida ao estranho, mas para tanto deverá fazê-lo no prazo máximo de 180 dias após a transmissão.

Sendo vários os co-herdeiros interessados em exercer a preferência, entre eles se distribuirá o quinhão cedido na proporção de suas respectivas quotas hereditárias.

Da Nomeação de Inventariante

A sucessão abre-se no momento do falecimento do *de cujus*. Porém, sendo a herança uma *universitas juris*, é preciso alguém para administrá-la até que seja homologada e deferida a partilha dos bens para cada um dos herdeiros e/ou legatários.

Assim, a lei estabelece, no art. 1.797, que

> *"Até o compromisso do inventariante, a administração da herança caberá, sucessivamente:*

> *I. ao cônjuge ou companheiro, se com o outro convivia ao tempo da abertura da sucessão".*

Se presumirmos que a administração dos bens do casal, à época da vigência da sociedade conjugal, era exercida por ambos os consortes, será mais fácil ao cônjuge ou companheiro supérstite, que já estava na posse dos bens inventariados, continuar na administração da herança até que o magistrado nomeie inventariante definitivo, que poderá continuar sendo ele próprio.

> *"II. ao herdeiro que estiver na posse e administração dos bens, e, se houver mais de um nessas condições, ao mais velho".*

Do mesmo modo, será mais fácil àquele herdeiro que estiver na posse e administração dos bens cumprir esse dever legal, descrevendo com inteira fidelidade e exatidão os haveres do autor da herança.

> *"III. ao testamenteiro".*

A administração da herança caberá ao testamenteiro desde que expressamente nomeado pelo testador para o cargo da inventariança. Sua função será cumprir com exatidão as disposições de última vontade do testador. Presume-se idônea e capaz a pessoa nomeada pelo próprio *de cujus* para administrar os bens que lhe pertenciam e que serão oportunamente partilhados.

> *"IV. a pessoa de confiança do juiz, na falta ou escusa das indicadas nos incisos antecedentes, ou quando tiverem de ser afastadas por motivo grave levado ao conhecimento do juiz".*

Na falta de quaisquer das pessoas acima indicadas, o magistrado nomeará aquela que melhor demonstrar aptidão para o cargo da inventariança.

17

Da Vocação Hereditária

Conforme já vimos, falecendo o autor da herança *sem* deixar testamento, ou tendo caducado, ou sido julgado ineficaz o ato de disposição de última vontade, a sucessão legítima efetuar-se-á na *ordem da vocação hereditária*.

Também já vimos que a *sucessão testamentária* é aquela em que o autor da herança dispõe de parte ou da totalidade de seu patrimônio, conforme haja ou não herdeiros necessários, destinando seus bens a quem melhor lhe aprouver. Nesse capítulo estudaremos tanto a vocação hereditária para a sucessão testamentária quanto a ordem de vocação hereditária para a sucessão legítima. Vejamos.

Da Sucessão Testamentária

Testamento é um ato de manifestação de vontade, por meio do qual alguém dispõe de seus bens e/ou direitos para após sua morte. Caracteriza-se por ser um ato solene, unilateral e revogável, que deve preencher certos requisitos, sem os quais não terá valor jurídico.

Falta de Legitimação para Suceder por Testamento

A disposição legal sobre a vocação hereditária da *sucessão testamentária* inicia-se com o preceito de que, conforme o art. 1.798,

> *"Legitimam-se a suceder as pessoas nascidas ou já concebidas no momento da abertura da sucessão".*

Nesse sentido, a regra geral sobre a capacidade testamentária passiva é a de que todas as pessoas existentes ao tempo da morte do testador são aptas a adquirir por testamento, salvo proibição legal.

Desse modo, é imperioso dizer que *capacidade* para suceder distingue-se de *legitimidade* para sucessão. A *capacidade* para suceder seguirá a ordem da vocação hereditária que estudaremos adiante. A *legitimidade* para suceder diz respeito à observância de regras impostas pelo legislador, cuja infração acarretará nulidade da disposição testamentária.

Sendo assim, o testador poderá testar parcela disponível de seus bens, para quem quiser e da maneira que melhor lhe convier, desde que tal pessoa esteja *legitimada* a recebê-la.

Não terão *legitimação* para serem nomeados herdeiros nem legatários:

a. *a pessoa que, a rogo, escreveu o testamento, e o seu cônjuge ou companheiro, ou os seus ascendentes e irmãos* – busca-se a segurança e fidelidade da intenção do testador. Isso porque a pessoa que, a seu rogo, escreve o testamento poderia, de algum modo, alterar a vontade do testador;

b. *as testemunhas do testamento* – procura-se evitar que as testemunhas, por estarem presentes no momento da lavratura do testamento, influenciem a vontade do testador;

c. *o concubino do testador casado, salvo se este, sem culpa sua, estiver separado de fato do cônjuge há mais de 5 (cinco) anos* – a intenção do legislador foi a de evitar que bens do patrimônio do casal passem para o(a) concubino(a) em detrimento dos direitos do consorte.

   Contudo, será lícita a disposição de última vontade do testador quando deixar bens ao filho do concubino que também o for do testador. De qualquer modo, o filho do testador com sua concubina já seria seu legítimo herdeiro. Mas por essa disposição legal, também poderá ser seu legatário, se assim dispuser o testador;

d. *o tabelião, civil ou militar, ou o comandante ou escrivão, perante quem se fizer, assim como o que fizer ou aprovar o testamento* – busca-se, igualmente, evitar que eventuais influências externas façam que o testador altere sua intenção nos atos de manifestação de vontade.

O art. 1.802 estabelece que

> *"São nulas as disposições testamentárias em favor de pessoas não legitimadas a suceder, ainda quando simuladas sob a forma de contrato oneroso, ou feitas mediante interposta pessoa".*

Presumem-se interpostas pessoas os ascendentes, descendentes, irmãos e o cônjuge ou companheiro do não legitimado a suceder.

Legitimação para Suceder por Testamento

Ao lado das pessoas não legitimadas, o legislador elencou aquelas aptas a participar da sucessão testamentária. Assim, conforme dispõe o art. 1.799 do Código Civil poderão ser chamados a suceder:

a. *os filhos, ainda não concebidos, de pessoas indicadas pelo testador, desde que vivas estas ao abrir-se a sucessão* – poderá o testador dispor de seus bens em favor da prole eventual de determinada pessoa.

Trata-se, na verdade, de uma espécie de *fideicomisso*, já que poderá haver um lapso temporal entre a morte do testador e o nascimento dos beneficiários da herança. Se o testador não determinar fiduciário, os bens da herança serão confiados a um *curador* nomeado pelo juiz, após o processamento do inventário e liquidação ou partilha, o qual se incumbirá de transmiti-los ao seu legítimo titular na época da ocorrência da *condição*.

Salvo disposição testamentária em contrário, a *curatela* dos bens deixados pelo autor da herança caberá ao genitor do herdeiro nomeado pelo testador. Assim, supondo-se que o testador tenha deixado uma herança para o futuro filho de seu funcionário, o próprio funcionário, salvo disposição testamentária em contrário, será o curador dessa herança.

A *condição* da transmissibilidade da herança é o nascimento com vida do herdeiro esperado, quando então ser-lhe-á deferida a sucessão, com os frutos e rendimentos relativos à herança, contados a partir da morte do testador.

Se, decorridos 2 (dois) anos da abertura da sucessão, não for concebido o herdeiro esperado, os bens reservados, salvo disposição em contrário do testador, caberão aos seus herdeiros legítimos.

b. *as pessoas jurídicas* – poderão ser herdeiras as pessoas jurídicas, desde que capazes para adquirir direitos e obrigações na ordem civil, de modo que, para figurarem como beneficiárias de herança, deverão ter seus atos constitutivos devidamente averbados no Registro competente, a fim de que lhes seja reconhecida a personalidade jurídica;

c. *as pessoas jurídicas cuja organização for determinada pelo testador sob a forma de fundação* – embora ainda inexistente, poderá o testador deixar bens destinados à instituição de uma fundação para determinados fins. Desse modo, ainda que inexistente a pessoa jurídica à época da morte do testador, será válida sua intenção, devendo os bens livres serem utilizados para essa finalidade específica.

Da Sucessão Legítima

Na *sucessão legítima* a ordem de vocação hereditária determina a *preferência* que alguns parentes do *de cujus* terão sobre o patrimônio por ele deixado, desde que não testados ou quando o ato de disposição de última vontade caducou ou foi julgado ineficaz.

Da Vocação Hereditária

Não havendo herdeiros testamentários, a sucessão legítima opera-se, em conformidade com a vocação hereditária, na seguinte ordem:

a. aos descendentes, em concorrência com o cônjuge sobrevivente, salvo se casado este com o falecido no regime da comunhão universal ou no da separação obrigatória de bens; ou se, no regime da comunhão parcial, o autor da herança não houver deixado bens particulares;
b. aos ascendentes, em concorrência com o cônjuge;
c. ao cônjuge sobrevivente;
d. aos colaterais.

Aos Descendentes, em Concorrência com o Cônjuge Sobrevivente

O novo ordenamento civil, além de ter incluído o cônjuge supérstite na qualidade de herdeiro necessário do *de cujus*, admitiu que ele concorresse com os descendentes na divisão do patrimônio deixado pelo autor da herança, salvo nas hipóteses excetuadas pela lei, e que são as seguintes:

a. se casado com o falecido no regime da comunhão universal – a comunhão universal importa a comunicação de todos os bens dos cônjuges, de modo que, extinta a comunhão, far-se-á a divisão de todo o patrimônio, ativo e passivo, concedendo-se ao cônjuge sobrevivente a meação do todo;
b. se casado com o falecido no regime de separação obrigatória de bens – em algumas hipóteses previstas pelo ordenamento jurídico, o legislador impõe aos cônjuges a aplicação de sanções pelo descumprimento de determinadas normas legais. Uma delas é a obrigatoriedade do casa-

mento pelo regime de separação legal de bens nos casos previstos no art. 1.641 do novo Código Civil. Assim, se há obrigatoriedade na separação dos bens, na constância do casamento, seria um contra-senso que o cônjuge sobrevivente herdasse aquilo que o legislador impôs-lhe como sanção pelo descumprimento de uma norma legal;

c. *se, embora casado com o falecido no regime da comunhão parcial, o autor da herança não houver deixado bens particulares* – é evidente que se o autor da herança não houver deixado bens particulares, não há como o cônjuge sobrevivente figurar como herdeiro, sendo apenas meeiro do patrimônio que juntos adquiriram na constância da sociedade conjugal.

Entre os descendentes, aqueles em grau mais próximo excluem os mais remotos, salvo o direito de representação. Se o autor da herança tinha 4 (quatro) filhos, sendo que apenas 3 (três) deles estavam vivos na época de seu falecimento, e de seu filho pré-morto havia 2 (dois) netos, sua herança será dividida em 4 (quatro) partes, cabendo a cada um dos filhos 1/4 (um quarto) e aos netos 1/8 (um oitavo) do todo.

Caso o autor da herança tivesse deixado apenas um filho vivo, 3 (três) netos de um filho pré-morto e 2 (dois) netos de outro filho pré-morto, a herança seria dividida em 3 partes, cabendo ao filho vivo e àqueles que representam os herdeiros pré-mortos 1/3 (um terço) cada. Tal hipótese deve-se ao fato de que os descendentes da mesma classe têm os mesmos direitos à sucessão de seus ascendentes.

Se, ao contrário, o autor da herança não tivesse nenhum filho vivo, mas tivesse deixado 7 netos, sua herança seria divida na proporção de 1/7 (um sétimo) para cada herdeiro. Isso ocorre porque na linha descendente, os filhos sucedem por cabeça, e os outros descendentes, por cabeça ou por estirpe, conforme se achem ou não no mesmo grau.

Aos Ascendentes, em Concorrência com o Cônjuge Sobrevivente

O legislador pátrio ampliou a sucessão hereditária ao cônjuge supérstite em concorrência com os descendentes e também com os ascendentes.

Aliás, a sucessão hereditária somente será deferida aos ascendentes se o autor da herança houver falecido sem deixar descendentes.

Ao contrário do que ocorre na sucessão dos descendentes, na sucessão dos ascendentes *não* cabe o *direito de representação*, de modo que o grau mais próximo exclui o mais remoto, sem distinção de linhas.

Se o autor da herança, na época de seu falecimento, tinha apenas a mãe viva e um de seus avós paternos, toda a sua herança irá diretamente para sua mãe, pois a legislação pátria não permite que o avô paterno represente seu filho pré-morto.

Havendo igualdade em grau e diversidade em linha, os ascendentes da linha paterna herdam a metade, cabendo a outra aos da linha materna. Assim, se o *de cujus*, à época de seu falecimento não tinha seus pais vivos, mas tinha seus avós maternos e seu avô paterno, sua herança será dividida em 2 (duas) partes, ficando uma delas para os avós maternos e a outra para o avô paterno. Conseqüentemente, o avô paterno herdará mais do que herdarão os avós maternos.

Ao Cônjuge Sobrevivente

Na falta de descendentes e ascendentes do *de cujus*, será deferida a sucessão por inteiro ao cônjuge sobrevivente.

Todavia, tanto nesta quanto nas demais hipóteses já tratadas, o cônjuge sobrevivente deverá provar sua qualidade de *herdeiro sucessível*, ou seja, comprovar que, ao tempo da morte, não estavam separados judicialmente, nem de fato, há mais de 2 (dois) anos, salvo prova, nesta última hipótese, de que a convivência do casal tornara-se impossível sem culpa do sobrevivente. O art. 1.832 estabelece que

> *"Em concorrência com os descendentes (art. 1.829, inciso I) caberá ao cônjuge quinhão igual ao dos que sucederem por cabeça, não podendo a sua quota ser inferior à quarta parte da herança, se for ascendente dos herdeiros com que concorrer".*

Exemplificando, podemos imaginar que o *de cujus* tinha 4 (quatro) filhos de um casamento anterior, mas não tinha nenhum filho com sua atual esposa. Com seu falecimento, tanto a cônjuge supérstite quanto os filhos receberão 1/5 (um quinto) da herança cada um. Se, por outro lado, o cônjuge sobrevivente tinha 5 (cinco) filhos com o *de cujus*, caberá à ela1/4 (um quarto) da herança, devendo os outros 3/4 (três quartos) serem divididos entre os filhos do autor da herança.

Ao cônjuge sobrevivente, qualquer que seja o regime de bens, será assegurado, sem prejuízo da participação que lhe caiba na herança, o *direito real de habitação* relativamente ao imóvel destinado à residência da família, desde que seja o único a inventariar.

Aos Colaterais

Não havendo descendentes, ascendentes ou cônjuge sobrevivente sucessível, serão chamados a suceder os parentes colaterais do *de cujus* até o quarto grau.

Na classe dos colaterais, os mais próximos excluem os mais remotos, salvo o direito de representação concedido aos filhos de irmãos. Deste modo, o direito de representação quanto aos herdeiros colaterais opera-se tão-somente em relação aos filhos de irmãos do *de cujus*.

Explicando. Supondo-se que o autor da herança tenha falecido deixando apenas 3 irmãos vivos e 2 sobrinhos de outro irmão seu, pré-morto. Nessa hipótese, sua herança será dividida em 4 partes, cabendo aos irmãos um quarto da herança para cada um e aos sobrinhos, um oitavo da herança, pois estes representarão seu pai, irmão pré-morto do autor da herança.

Concorrendo à herança do falecido irmãos bilaterais com irmãos unilaterais, cada um destes herdará metade do que cada um daqueles herdar. Se o *de cujus* faleceu deixando dois irmãos unilaterais e dois irmãos bilaterais, os primeiros herdarão 1/6 (um sexto) da herança e os bilaterais, 1/3 (um terço) cada um.

Seguindo essa mesma regra, é evidente que se o autor da herança tivesse apenas irmãos unilaterais, cada um deles herdaria em partes iguais. Portanto, supondo-se que o *de cujus* tivesse dois irmãos por parte de pai e três irmãos por parte de mãe: cada um deles herdaria 1/5 (um quinto) de sua herança.

Na falta de irmãos, herdarão os filhos destes e, não os havendo, herdarão os tios do *de cujus*. Não podemos esquecer que, embora a sucessão colateral estenda-se até o quarto grau, os graus mais próximos excluem os mais remotos. Assim, os tios do autor da herança só herdarão se não houver nenhum irmão ou sobrinho vivo do *de cujus*.

A quota-parte cabível a cada um dos herdeiros colaterais será deferida na seguinte proporção:

a. *se concorrerem à herança somente filhos de irmãos falecidos, herdarão por cabeça* – aqui cumpre-nos fazer observar que, dependendo o caso, os sobrinhos de um dos irmãos falecidos poderão herdar porcentagem superior à que herdariam se outro irmão do *de cujus* estivesse vivo.

   Isso porque se o autor da herança tivesse dois irmãos, cada um herdaria metade do seu patrimônio. Contudo, se ambos os irmãos já tiverem falecido na data da abertura da sucessão do *de cujus*, seus filhos é que herdarão. Assim, supondo-se que um deles tivesse quatro filhos e o outro apenas um, cada sobrinho receberia um quinto da herança, o que seria menos vantajoso para o filho único do irmão pré-morto do falecido;
b. *se concorrerem filhos de irmãos bilaterais com filhos de irmãos unilaterais, cada um destes herdará metade do que cada um daqueles herdar* – trata-se de mesma hipótese quando os herdeiros forem os próprios irmãos unilaterais e bilaterais do autor da herança;
c. *se todos forem filhos de irmãos bilaterais, ou todos de irmãos unilaterais, herdarão por igual.*

Dos Excluídos da Sucessão

Serão excluídos da sucessão legítima ou testamentária os indivíduos que houverem agido com *ingratidão* em relação ao testador. A exclusão da sucessão por *indignidade* do herdeiro ou legatário é uma sanção que o legislador aplica àqueles que praticaram determinados atos contra o autor da herança, de modo que não se justificaria sua qualidade de beneficiário do *de cujus*. São elas:

a. *aqueles que houverem sido autores, co-autores ou partícipes de homicídio doloso, ou tentativa deste, contra a pessoa de cuja sucessão se tratar, seu cônjuge, companheiro, ascendente ou descendente* – o indigno será privado da herança, pois atentou contra o bem maior do *de cujus*, ou seja, sua vida ou a vida dos seus entes queridos. Para que seja considerado causa de indignidade, o homicídio deverá ser *doloso*, excluindo-se da pena o homicídio culposo;
b. *aqueles que houverem acusado caluniosamente em juízo o autor da herança ou incorrerem em crime contra a sua honra, ou de seu cônjuge ou companheiro* – a calúnia, na qualidade de crime contra a honra, só se caracterizará como causa de indignidade e conseqüente exclusão do herdeiro da herança se a acusação caluniosa se fizer no *juízo criminal*. A vítima da denunciação caluniosa pode ser tanto o autor da herança como seu cônjuge ou companheiro;
c. *aqueles que, por violência ou meios fraudulentos, inibirem ou obstarem o autor da herança de dispor livremente de seus bens por ato de última vontad*e: essa causa de indignidade busca proteger a liberdade de testar do autor da herança, para que este esteja livre de influências negativas externas no momento do seu ato de disposição de última vontade.

A *exclusão* do herdeiro por indignidade far-se-á, obrigatoriamente, por intermédio de procedimento judicial, pelo rito ordinário, conferindo às partes a livre utilização do contraditório e da ampla defesa. Se convencido o magistrado da indignidade do herdeiro para com o *de cujus*, declarará *por sentença* sua exclusão.

A *legitimidade* para a propositura da ação de exclusão de herdeiro é exclusiva daqueles que tenham legítimo interesse na sucessão, ou seja, os demais herdeiros do *de cujus* a quem beneficiará a sentença de exclusão.

O direito de demandar a exclusão do herdeiro ou legatário indigno extingue-se em 4 (quatro) anos, a contar da abertura da sucessão.

A *indignidade* só será havida como tal após o trânsito em julgado da sentença que a reconhecer, quando então surtirá efeitos perante os demais herdeiros e eventuais terceiros prejudicados.

Efeitos da Exclusão de Herdeiro ou Legatário da Sucessão

Os efeitos da exclusão por indignidade são *pessoais*. Assim, os descendentes do herdeiro excluído sucedem como se ele morto fosse antes da abertura da sucessão. Caso o pai tenha atentado contra a vida de seu progenitor, avô de seus filhos (tentativa de homicídio doloso), e houver sido excluído da sucessão por sentença transitada em julgado, seus filhos (netos do *de cujus*) herdarão como se o pai (*indigno*) morto fosse na época da abertura da sucessão.

O excluído da sucessão não terá direito ao usufruto ou à administração dos bens que a seus sucessores couberem na herança, nem à sucessão eventual desses bens. Ora, se a exclusão da herança é uma sanção imposta ao herdeiro ou legatário condenado pela indignidade praticada contra o autor da herança, é evidente que também não poderá usufruir ou administrar os bens herdados por seus descendentes.

Conseqüências da Sentença de Exclusão do Herdeiro ou Legatário da Sucessão

Os efeitos da sentença de exclusão do herdeiro ou legatário da sucessão serão retroativos à data da abertura da sucessão. Desse modo, embora o indigno tenha eventualmente participado da herança do *de cujus*, a sentença de exclusão retroagirá à data da morte do autor da herança. Assim, presumir-se-á como se o excluído jamais houvesse herdado qualquer coisa.

No entanto, a lei não poderá prejudicar terceiros de boa-fé que eventualmente tenham firmado contratos onerosos com o herdeiro ou legatário, antes da sentença de exclusão. Para proteção e estabilidade das relações jurídicas, o legislador disciplinou, no art. 1.817, que

> *"São válidas as alienações onerosas de bens hereditários a terceiros de boa-fé, e os atos de administração legalmente praticados pelo herdeiro, antes da sentença de exclusão (...)".*

Não obstante haja a preservação dos negócios firmados com terceiros, subsistirá aos *herdeiros do excluído*, quando prejudicados, o direito de demandar contra o indigno, objetivando o ressarcimento por perdas e danos.

O excluído da sucessão é obrigado a restituir aos herdeiros os frutos e rendimentos que dos bens da herança houver percebido, mas tem direito a ser indenizado das despesas com a conservação desses bens. Continuando, para esclarecer a hipótese: supondo-se que o pai, excluído da herança do avô de seus filhos por indignidade, tenha efetuado gastos para a preservação de imóvel que, depois da sentença na ação de exclusão, passou a seus filhos, esses valores poderão ser descontados dos aluguéis que os filhos receberem, até o limite do que foi gasto pelo indigno.

Perdão do Indigno

É possível que o indigno, excluído da sucessão por sentença transitada em julgado, possa vir a suceder. Trata-se da hipótese de que ele venha a ser *perdoado* pelo autor da herança.

O perdão é procedimento solene, de modo que a reabilitação precisa ser expressa, e a lei só lhe dá eficácia se efetuado por meio de ato autêntico ou de testamento firmado *após* o fato que deu causa à indignidade.

Mesmo que não haja reabilitação expressa, o indigno poderá suceder se o testador, após o conhecimento da causa da indignidade, vier a testar contemplando neste ato de disposição de última vontade o ofensor. Nesta hipótese, o indigno sucederá no limite da disposição testamentária.

Dos Herdeiros Necessários

O novo Código Civil, em seu art. 1.845, dispõe serem *herdeiros necessários* os descendentes, os ascendentes e o cônjuge. São considerados *herdeiros necessários* porque, obrigatoriamente, herdarão o patrimônio do *de cujus*, mesmo contra a vontade do falecido, salvo em casos de deserdação ou indignidade.

Os *herdeiros necessários* não podem ser afastados inteiramente da sucessão, tanto que a lei dispõe pertencer-lhes, de pleno direito, a *metade* dos bens da herança, constituindo esta a *legítima*.

Cálculo da Legítima

A *legítima*, ou seja, a porção da herança reservada por lei aos herdeiros necessários, é calculada de acordo com o valor dos bens existentes à época da abertura da sucessão, abatidas as dívidas e as despesas do funeral, adicionando-se, em seguida, o valor dos bens sujeitos a *colação*.

Silvio Rodrigues[53] explica que *"quando o falecido houver deixado herdeiro necessário, seu patrimônio se divide, por assim dizer, em duas partes: a quota disponível e a legítima de seus herdeiros necessários. É óbvio que só aquilo que constituía seu patrimônio é transmissível aos herdeiros. Portanto, se o defunto era casado pelo regime da comunhão, separa-se, antes da partilha, a meação do cônjuge sobrevivente. Essa meação não se confunde com a herança, e o cônjuge sobrevivente apenas conserva aquilo que já era seu e que estava em condomínio"*.

Se o autor da herança, em vida, gratificou descendentes por meio de doações de bens ou direitos, deverão estes herdeiros, no momento da abertura do inventário, trazê-los à *colação*,[54] para que, adicionados ao montante dos bens do falecido existentes na época da abertura da sucessão, seja calculada a quota disponível do *de cujus*.

---

[53] RODRIGUES, Silvio. *Direito civil* – Direito das sucessões. 22. ed. São Paulo: Saraiva, 1998. p. 182.

[54] Colação é o ato de retorno ao monte partível das liberalidades feitas pelo *de cujus* aos seus descendentes, antes de sua morte.

DA IMPOSIÇÃO DE CLÁUSULAS À LEGÍTIMA

É vedado ao testador estabelecer cláusula de *inalienabilidade, impenhorabilidade* e *incomunicabilidade* sobre os bens da legítima, salvo se houver justa causa, declarada no testamento. Trata-se de cláusulas limitativas de direitos, quais sejam:

a. a impenhorabilidade – ônus imposto sobre um determinado bem patrimonial, de *modo que este não poderá ser penhorado por credores.* Poderá o testador determinar seja impenhorável a legítima dos herdeiros necessários, desde que houver justa causa mencionada no testamento;

b. a incomunicabilidade – por essa cláusula, o testador determina que a legítima do herdeiro necessário *não* entrará na comunhão de bens em virtude do casamento. Trata-se de uma cláusula protetiva, que visa impedir eventuais futuros prejuízos patrimoniais ao herdeiro;

c. a inalienabilidade – podendo ser temporária ou vitalícia, a inalienabilidade da legítima busca impedir que o bem seja alienado, dado em garantia etc. durante um determinado período de tempo ou durante toda a vida do herdeiro. Se por toda a vida, o bem estará gravado até a morte do herdeiro, passando a ser alienável quando houver sua livre transmissão a seus sucessores legítimos.

Quando o testador gravar com as cláusulas de inalienabilidade, impenhorabilidade e/ou incomunicabilidade os bens deixados em testamento, ser-lhes-á expressamente vedada a alienação, salvo se com autorização judicial, mediante a comprovação de justa causa. O produto adquirido com a venda desses bens converter-se-á em outros bens, a que se sub-rogarão os ônus dos primeiros.

O testador não poderá, sem justificativa, clausular a legítima dos herdeiros necessários, pois tais cláusulas limitativas de direitos, se injustificadamente impostas, poderão gerar prejuízos incalculáveis para os herdeiros.

Ainda sobre a *legítima*, é vedado ao testador estabelecer a conversão desses bens em outros, de espécie diversa. Silvio Rodrigues,[55] com grande propriedade, afirma que *"o direito do herdeiro necessário à legítima provém de regra de ordem pública, por isso, qualquer dispositivo que, a pretexto de converter bens, implique redução da quota reservatória, deve ser afastado, como ofensor do preceito de ordem pública. Se o testador, por exemplo, ordena que bens imóveis da legítima devem ser alienados, para com seu produto adquirir-se debêntures de uma companhia pertencente aos herdeiros instituídos, tal disposição é nula, por fraudar a regra cogente que restringe a liberdade de testar"*.

O herdeiro necessário, a quem o testador contemplar com outros bens pertencentes à sua parte disponível, ou para quem deixar algum legado, não perderá o direito à legítima.

Dispõe o art. 1.850 do novo Código Civil que,

> *"Para excluir da sucessão os herdeiros colaterais, basta que o testador disponha de seu patrimônio sem os contemplar"*.

Os colaterais até o quarto grau são herdeiros legítimos, mas não necessários. Desse modo, só irão herdar se não houver descendente, ascendente ou cônjuge sobrevivente do autor da herança.

Então, se não houver herdeiro necessário, conclui-se que o testador poderá dispor de todo o seu patrimônio. Sendo assim, se *não* quiser contemplar seus colaterais, basta que disponha, em favor de terceiro, da totalidade de sua herança.

Do Direito de Representação

O art. 1.851 estabelece que

[55] RODRIGUES, Silvio. *Direito civil* – Direito das sucessões. 22. ed. São Paulo: Saraiva, 1998. p. 184.

> *"Dá-se o direito de representação, quando a lei chama certos parentes do falecido a suceder em todos os direitos, em que ele sucederia, se vivo fosse".*

Silvio Rodrigues ensina que *"o direito de representação constitui um corretivo à regra de que os parentes mais próximos excluem da sucessão os mais remotos"*.[56]

Não seria justo que o neto perdesse o direito à sucessão do avô simplesmente porque seu pai faleceu antes do autor da herança. É por isso que o legislador reconhece o direito de representação, porém limitando sua ocorrência aos herdeiros na linha reta *descendente*, mas *nunca* na *ascendente*. Por tal disposição legal, o neto poderá representar o pai na sucessão do avô, mas o avô não poderá representar o pai na sucessão do neto.

Embora preveja a representação unicamente entre parentes em linha reta, há uma exceção no Código Civil no que tange à representação de parentes colaterais, permitindo-a tão-somente em favor dos filhos de irmãos do falecido quando com irmãos deste concorrerem. Ou seja, a representação na linha colateral ocorrerá quando o filho substitui seu pai na sucessão de um tio, em concorrência com outros tios (irmãos do pai pré-morto).

Os representantes só poderão herdar como tais o que herdaria o representado se vivo fosse. Por fim, o quinhão do representado será repartido por igual entre os representantes. Supondo-se que o pai, pré-morto, tinha 2 (dois) filhos, e sabendo-se que a herança do avô foi dividida em 4 (quatro) partes iguais, caberá a cada um dos netos 1/8 (um oitavo) da herança do avô, ou seja, 1/2 (metade) de 1/4 (um quarto), pois seria esta a quota-parte cabível ao seu pai se vivo fosse no momento do falecimento do avô.

Diz o art. 1.856 do novo Código Civil:

> *"O renunciante à herança de uma pessoa poderá representá-la na sucessão de outra".*

---

[56] RODRIGUES, Silvio. *Direito civil* – Direito das sucessões. 22. ed. São Paulo: Saraiva, 1998. p. 86.

Por esse dispositivo legal faculta-se ao filho renunciar à herança de seu pai, o que não o impede de representá-lo na herança de seu avô. Isto é possível porque na primeira herança o herdeiro é chamado por *direito próprio* e na segunda herança, o herdeiro é chamado por *representação*.

18

Da Aceitação e Renúncia da Herança

O art. 1.804 estabelece que

> *"Aceita a herança, torna-se definitiva a sua transmissão ao herdeiro, desde a abertura da sucessão".*

Aceitação da herança é o ato pelo qual o herdeiro manifesta sua vontade em receber o patrimônio do *de cujus*.

Já vimos que a sucessão opera-se no momento da morte do autor da herança, quando o domínio dos bens passa aos herdeiros do falecido, de modo que a *aceitação da herança* é mera formalidade por meio da qual o beneficiário confirma sua qualidade de herdeiro apto a receber a sucessão.

Disposições Gerais

A aceitação da herança pressupõe o cumprimento de diversos ônus pelos herdeiros. Entretanto, não se poderá *aceitar* ou *renunciar* a herança em parte, sob condição ou a termo. Caso fosse possível, é óbvio que todos os herdeiros aceitariam apenas o ativo da herança, renunciando o passivo, o que é expressamente vedado por lei.

É imperioso frisar que tanto os atos de aceitação quanto os de renúncia da herança são irrevogáveis. Assim, uma vez *renunciada* a herança, tem-se por não verificada a transmissão de bens do *de cujus* para o herdeiro renunciante. Aliás, a renúncia opera-se como se o renunciante jamais houvesse sido herdeiro, de modo que o patrimônio do autor da herança acrescerá aos bens divididos com os demais herdeiros.

Se *aceita* a herança, a parcela do patrimônio do *de cujus* cabível ao herdeiro ou legatário incorporar-se-á a seus bens particulares. E mesmo que, após a aceitação da herança, o herdeiro queira retratar-se, o que ocorrerá não é a *renúncia*, mas sim um ato de transmissão *inter vivos* daquela parcela do patrimônio do autor da herança já incorporada aos bens particulares do herdeiro.

A *aceitação* da herança poderá ser expressa ou tácita. Se *expressa*, far-se-á por declaração escrita; se *tácita*, resultará de atos próprios da qualidade de herdeiro. Não exprimem aceitação da herança os atos oficiosos, como o funeral do finado, os atos meramente conservatórios ou os atos de administração e guarda provisória dos bens deixados pelo *de cujus*.

Também não importará aceitação da herança sua cessão gratuita, pura e simples, aos demais co-herdeiros, porque tal ato não configura aceitação, mas sim *renúncia* da herança. E havendo renúncia, a quota-parte que caberia ao herdeiro renunciante acrescerá as quotas dos demais herdeiros.

A *renúncia* da herança deverá ser *expressa* e constar, obrigatoriamente, de instrumento público ou termo judicial. Isso porque a renúncia, como ato jurídico *unilateral* e *irretratável*, aperfeiçoa-se no momento em que o herdeiro expressa formalmente sua vontade. Entre as suas principais conseqüências está a de afastar o renunciante da sucessão, como se ele jamais houvesse herdado. Por isso é que precisa ser revestida de tais formalidades legais.

Pode ocorrer que terceira pessoa esteja interessada em saber se o herdeiro aceitou ou não a herança. Trata-se de hipótese em que o terceiro é credor do herdeiro ou então hipótese onde o interessado seria o beneficiário da herança caso o herdeiro viesse a renunciá-la. Em tais casos, o legislador faculta ao interessado, no prazo de 20 (vinte) dias subseqüentes à abertura da sucessão, requerer ao juiz prazo razoável para o herdeiro se pronunciar, sob pena de haver a herança por aceita.

O art. 1.808 estabelece que

> *"Não se pode aceitar ou renunciar a herança em parte, sob condição ou a termo".*

Entretanto, conforme § 1º do art. 1. 808,

> *"O herdeiro, a quem se testarem legados, pode aceitá-los, renunciando a herança; ou, aceitando-a, repudiá-los".*

Muito embora tal norma legal pareça contrariar a regra geral sobre a proibição de se aceitar ou renunciar a herança em parte, é preciso observar que o legislador disciplina hipóteses diversas, onde o herdeiro sucede, simultaneamente, sob dois títulos: *herança* e *legado*. Assim, poderá o herdeiro repudiar o legado e aceitar a herança ou, então, aceitando a herança, repudiar o legado.

Isso porque o herdeiro, chamado na mesma sucessão a mais de um quinhão hereditário, sob títulos sucessórios diversos, pode livremente deliberar quanto aos quinhões que aceita e aos que renuncia.

Falecendo o herdeiro antes de declarar se aceita a herança, o poder de aceitá-la passa, então, aos seus herdeiros, a menos que se trate de vocação adstrita a uma condição suspensiva, ainda não verificada.

O art. 1.809 estabelece que

> *"Falecendo o herdeiro antes de declarar se aceita a herança, o poder de aceitar passa-lhe aos herdeiros, a menos que se trate de vocação adstrita a uma condição suspensiva, ainda não verificada".*

Os chamados à sucessão do herdeiro falecido antes da aceitação, desde que concordem em receber a segunda herança, poderão aceitar ou renunciar a primeira. É evidente que para aceitar ou não a primeira herança, os herdeiros deverão, antes de mais nada, concordar em receber a segunda. Assim, supondo-se que o avô faleça deixando ao pai uma herança *X*, e este, antes mesmo de aceitá-la, também venha a falecer deixando 2 (dois) filhos e uma herança *Y*, os filhos deverão primeiro aceitar a herança *Y*, para depois manifestarem-se sobre a aceitação ou não da herança *X*.

Na sucessão legítima, a parte do herdeiro renunciante acresce à dos outros herdeiros da mesma classe e, sendo ele o único desta, devolve-se aos herdeiros da classe subseqüente. Frise-se que o renunciante é considerado como se jamais houvesse herdado, não cabendo aos seus descendentes a sucessão por representação. Isso posto, uma vez renunciada a herança, a quota-parte do renunciante será dividida em quotas iguais entre os demais herdeiros.

O art. 1.811 estabelece que

> *"Ninguém pode suceder, representando herdeiro renunciante. Se, porém, ele for o único legítimo da sua classe, ou se todos os outros da mesma classe renunciarem a herança, poderão os filhos vir à sucessão, por direito próprio, e por cabeça".*

Por exemplo, se os filhos renunciarem à herança, seus descendentes poderão vir à sucessão, por direito próprio e por cabeça, ou seja, os filhos dos herdeiros renunciantes virão à sucessão. Então, se ao todo forem 5 (cinco) netos do autor da herança, seu patrimônio será dividido em 5 (cinco) partes iguais, cabendo a cada neto uma quota-parte da herança do avô, que é, no caso, pai dos renunciantes.

Restrição à Liberdade de Renunciar à Herança

A renúncia da herança, embora seja um ato unilateral de vontade do beneficiário do patrimônio do *de cujus*, sofrerá certas limitações legais. Isso porque se o herdeiro ou legatário, intencionando prejudicar seus credores, renunciar à herança, poderão os próprios credores, com autorização do juiz, aceitá-la em nome do renunciante.

A habilitação dos credores, em caso de aceitação da herança em nome do herdeiro renunciante, far-se-á no prazo de 30 (trinta) dias a contar do conhecimento do fato, por meio de petição dirigida ao juiz do inventário solicitando a suspensão temporária dos efeitos do ato renunciativo.

Assim, após o pagamento das dívidas que o renunciante tinha para com terceiros, prevalecerá a renúncia quanto ao saldo remanescente, que será devolvido aos demais herdeiros.

Para a incidência dessa hipótese é preciso que se verifique o preenchimento das seguintes condições: se a intenção do herdeiro era realmente a de fraudar seus credores; e se aquele ato de renúncia deixá-lo-ia em condição de insolvência.

Isso porque, se o beneficiário da herança tiver recursos próprios para saldar suas dívidas, não haverá óbice algum em renunciar à herança do *de cujus*, não sendo permitido, nesse caso, que os credores intentem aceitá-la em seu nome.

19

Da Herança Jacente e da Petição de Herança

Da Herança Jacente

O art. 1.819 estabelece que

> *"Falecendo alguém sem deixar testamento nem herdeiro legítimo notoriamente conhecido, os bens da herança, depois de arrecadados, ficarão sob a guarda e administração de um curador, até a sua entrega ao sucessor devidamente habilitado ou à declaração de sua vacância".*

Denomina-se *jacente* a herança cujos herdeiros não são conhecidos ou à qual todos os herdeiros conhecidos tenham renunciado.

O Estado, com o intuito de proteger o patrimônio do *de cujus* para entregá-lo a eventuais futuros herdeiros sucessíveis, nomeia um curador que ficará responsável, por um determinado período de tempo, pela guarda e administração desses bens.

Assim, aberta a sucessão sem que existam herdeiros certos e determinados ou, em existindo, estes a ela tenham renunciado, ordenará o juiz que se proceda à arrecadação dos bens, nomeando um *curador* incumbido de guardar, administrar e conservar a *herança jacente*.

Entre os atributos do *curador* da herança jacente, que perdurarão durante todo o processo judicial, salvo se no curso da ação habilitarem-se herdeiros sucessíveis até então desconhecidos, estão os de:

a. representar a herança em juízo ou fora dele, com assistência do órgão do Ministério Público;
b. manter em boa guarda e conservação os bens arrecadados e promover a arrecadação de outros porventura existentes;
c. executar as medidas conservatórias dos direitos da herança;
d. apresentar mensalmente ao juiz um balancete da receitas e despesas do espólio; e
e. prestar contas ao final de sua gestão.

Praticadas as diligências de arrecadação, mandará o juiz que se publique edital, por 3 (três) vezes, em intervalo não inferior a 30 (trinta) dias, em jornal de grande circulação na Comarca e em órgão oficial, para que venham habilitar-se os sucessores do finado.

Se ultimado o inventário e decorrido 1 (um) ano a contar da primeira publicação do edital sem que haja herdeiro habilitado ou sobre os quais penda habilitação, a herança será declarada *vacante*. Também será declarada vacante a herança quando, chamados a suceder os herdeiros, todos a ela renunciarem. Conforme se vê, *herança vacante* é aquela sobre a qual não se verificou a condição de herdeiro e que, judicialmente, foi proclamada vaga.

Efeitos da Sentença de Herança Vacante

Dentre os efeitos da sentença que declara vacante a herança, podemos citar:

a. *direito de terceiros* – embora declarada vacante a herança, é assegurado aos credores do falecido o direito de requerer o pagamento das dívidas devidamente reconhecidas, nos limites da herança. Os credores da herança poderão habilitar-se, como nos inventários, ou propor ação de cobrança contra o espólio;
b. *habilitação posterior de herdeiros* – a declaração de vacância da herança não prejudicará os *herdeiros em linha reta* que legalmente se habilitarem após o decurso de 1 (um) ano da publicação do primeiro edital. Frise-se que a hipótese de habilitação posterior dos herdeiros sucessíveis do *de cujus* aplicar-se-á tão-somente àqueles que tiverem parentesco em *linha reta* com o falecido.

   Os parentes em *linha colateral*, se quiserem habilitar-se para a sucessão da herança do *de cujus*, deverão fazê-lo até a declaração de vacância da herança, sob pena de serem excluídos da sucessão;
c. *transferência dos bens vagos ao Poder Público* – decorridos 5 anos da abertura da sucessão sem que haja manifestação e habilitação de eventuais herdeiros, os bens arrecadados passarão ao domínio do Município ou do Distrito Federal, se localizados nas respectivas circunscrições, incorporando-se ao domínio da União quando situados em território federal.

Da Petição de Herança

Denomina-se petição de herança a *"ação dirigida contra quem possui ilegitimamente a herança. Por ela busca o herdeiro, não contemplado na partilha, obter sua quota-parte na herança"*.[57]

O prazo prescricional da ação de petição de herança flui a partir da abertura da sucessão, eis que é esta seu fato gerador.[58]

---

[57] NERY JÚNIOR, Nelson; NERY, Rosa Maria de Andrade. *Comentários ao Código Civil e leis extravagantes.* São Paulo: Revista dos Tribunais, 2002. p. 611.

[58] STJ, 3ª Turma, REsp 17.566-MG, rel. Min. Waldemar Zveiter, v.u., j. 17/11/1992, DJU 17/12/1992, p. 24.242.

O herdeiro, em ação de petição de herança poderá demandar o reconhecimento de seu direito sucessório, a fim de obter a restituição da totalidade ou de parte da herança, contra quem, na qualidade de herdeiro ou mesmo sem este título, a possua.

> *"Qualquer dos co-herdeiros pode reclamar de quem indevidamente possua a herança".*[59]

A ação de petição de herança, ainda que exercida por um só dos herdeiros, poderá compreender todos os bens hereditários.

O possuidor da herança, por sua vez, estará obrigado à restituição dos bens do acervo e sua responsabilidade será aferida conforme *posse*, em conformidade com os arts. 1.214 a 1.222 do novo Código Civil. Vejamos.

Posse de Boa-Fé da Herança

O possuidor de boa-fé da herança terá direito, enquanto ela durar: aos frutos percebidos; à indenização por benfeitorias necessárias e úteis, podendo levantar as voluptuárias e *não* responderá pela perda ou deterioração da coisa a que não deu causa.

Posse de Má-Fé da Herança

O possuidor de má-fé: responde por todos os frutos colhidos e percebidos, bem como pelos que, por culpa sua, deixou de perceber, desde o momento em que se constituiu a posse de má-fé; terá direito ao ressarcimento apenas das benfeitorias necessárias; responderá pela perda ou deterioração da coisa, ainda que acidentais.

[59] STJ, 3ª Turma, REsp 96.057-MG, rel. Min. Milton Naves, v.u., j. 17/12/1998, DJU 22/03/1999, p. 188.

Entretanto, a partir da citação, a responsabilidade do *possuidor* há de aferir-se pelas regras concernentes à *posse de má-fé* e à *mora*.

O herdeiro poderá demandar os bens da herança, mesmo se estiverem em poder de terceiros. Contudo, aquele que, se dizendo possuidor originário, alienou os bens poderá ser responsabilizado a ressarcir o prejudicado pelos valores despendidos. Ao contrário, serão eficazes as alienações feitas, a título oneroso, pelo herdeiro aparente a terceiro de boa-fé.

Mister ressaltar que o herdeiro de boa-fé não poderá ser responsabilizado pelas conseqüências da ação de petição de herança. É o que se infere do art. 1.828 do novo Código Civil

> *"O herdeiro aparente, que de boa-fé houver pago um legado, não está obrigado a prestar o equivalente ao verdadeiro sucessor, ressalvado a este o direito de proceder contra quem o recebeu".*

20

Da Sucessão Testamentária

Além da *sucessão legítima*, expressamente prevista pelo ordenamento jurídico pátrio, também encontramos a *sucessão testamentária*, que deriva da manifestação de última vontade do testador, revestida das solenidades prescritas pelo legislador.[60] O novo Código Civil brasileiro cuida da sucessão testamentária nos arts. 1.857 e seguintes. Define-se *testamento* como sendo o *negócio jurídico* sobre o qual o testador decide sobre sua própria sucessão, instituindo *herdeiros* e/ou *legatários*.

Denomina-se *testamento* o ato unilateral, personalíssimo, gracioso, solene, e revogável, mediante o qual uma pessoa capaz dispõe de seus bens, no todo ou em parte, para depois de sua morte. Vejamos:

a. *unilateral* – o testamento é ato unilateral, pois se consagra na manifestação de vontade exclusiva do testador. É expressamente vedado o

[60] RODRIGUES, Silvio. *Direito civil* – Direito das sucessões. 22. ed. São Paulo: Saraiva, 1998. p. 95.

testamento recíproco ou o conjuntivo, pois a vontade do testador deve estar isenta de qualquer influência;[61]

b. pessoal – o testador deverá fazê-lo pessoalmente, sendo-lhe expressamente vedado nomear procurador ou representante para fazê-lo;

c. gracioso – ato gratuito, constituindo-se de mera liberalidade do testador, sendo-lhe vedado exigir do beneficiário qualquer vantagem correspectiva;

d. solene – a lei exige o cumprimento de formalidades legais, sem as quais considerar-se-á inválido o ato de disposição de última vontade. Aliás, a permissividade da sucessão testamentária decorre do direito positivo, de modo que ao testador é assegurado o direito de dispor de seus bens para depois de sua morte, contanto que sejam observadas as exigências legais;

e. revogável – o testador poderá, a qualquer momento, revogá-lo ou alterá-lo, sem que haja necessidade de justificar seus atos;

a. última vontade – o testamento representa a última vontade do testador, não significando que não poderá ser revogado enquanto viver o declarante. Contudo, falecendo o testador, torna-se irrevogável o testamento. Desse modo, infere-se que o ato de disposição de vontade somente produzirá seus efeitos após a morte do testador, embora seja *válido* desde a sua lavratura. Assim, a *eficácia* do ato encontra-se condicionada à morte do testador.

Dissemos que o testador deverá obedecer aos preceitos legais para que o ato seja válido. Um deles é o de respeitar a parcela disponível de bens testados: se tiver descendentes, ascendentes e/ou cônjuge, o testador não poderá incluir no testamento a *legítima*, qual seja a parcela de bens pertencente, por expressa disposição legal, aos herdeiros necessários.

Por outro lado, tem a liberdade de inserir no testamento quaisquer atos de manifestação de vontade, ainda que não sejam disposições patrimoniais. Desse modo, o testamento poderá conter somente

---

[61] GOMES, Orlando. *Direito de família*. 14. ed. rev. e atual. por Humberto Theodoro Júnior. 3. tir. Rio de Janeiro: Forense, 2002. p. 93.

disposições de caráter não patrimonial como, por exemplo, tutoria de filhos, deserdação, reconhecimento de filiação etc.

Da Capacidade para Testar

O testamento, assim como todos os demais negócios jurídicos, deverá obedecer aos pressupostos de validade dispostos no art. 104 do novo Código Civil e requer: agente capaz; objeto lícito, possível, determinado ou determinável; e forma prescrita ou não defesa em lei.

Da Capacidade Ativa para Testar

A capacidade testamentária ativa difere, sob certo aspecto, da capacidade civil. Diz o art. 1.860 do novo Código Civil que,

> *"Além dos incapazes, não podem testar os que, no ato de fazê-lo, não tiverem pleno discernimento".*

Contudo, a lei confere aos *relativamente incapazes* – maiores de 16 (dezesseis) e menores de 18 (dezoito) anos, capacidade ativa para testar, independentemente da assistência de seus representantes legais.

Conforme se vê, a incapacidade ativa testamentária atinge tão-somente aqueles que não tiverem pleno discernimento dos atos da vida civil, de modo que a expressão de suas vontades poderia não ser consciente e inequívoca. Excetuando-se esses casos, todas as demais pessoas serão *capazes* para dispor de seus bens em testamento.

A capacidade para testar deverá ser aferida no *momento* em que o testador manifesta sua vontade, de modo que a incapacidade superveniente do testador não invalidará o testamento. Assim, supondo-se que um indivíduo maior e capaz tenha disposto de seus bens por testamento e logo após a lavratura do instrumento vem a sofrer acidente que o deixou inconsciente, o testamento por ele formalizado é válido, pois no momento em que houve a manifestação de vontade o testador tinha pleno discernimento de seus atos.

O mesmo não ocorre quando se tratar de testamento conferido por incapaz, para os quais o legislador expressamente dispôs que não se validarão com a superveniência da capacidade. Desse modo, se o indivíduo testou aos 15 (quinze) anos e faleceu após a maioridade civil, este testamento *não* será válido, por ser incapaz o testador na época em que manifestou sua vontade.

Da Capacidade Passiva para Adquirir por Testamento

No capítulo sobre vocação hereditária, estudamos casos onde falta a legitimidade a determinadas pessoas para sucederem por testamento. A regra geral é a de que estão aptas a adquirir por testamento (*capacidade passiva*) todas as pessoas nascidas ou já concebidas no momento da abertura da sucessão.

Ressaltamos, porém, que em determinadas circunstâncias o legislador veda a legitimidade de alguns indivíduos para adquirir por testamento, seja para preservar a livre manifestação de vontade do testador, seja para impedir a dissipação de seus bens. Entre as pessoas *ilegitimadas* para adquirir por testamento encontram-se:

a. *a pessoa que, a rogo, escreveu o testamento, o seu cônjuge ou companheiro, ou os seus ascendentes e irmãos* – busca-se a segurança e fidelidade da intenção do testador. Isso porque a pessoa que, a seu rogo, escreveu o testamento, poderia, de algum modo, ter alterado a vontade do testador;

b. *as testemunhas do testamento* – busca-se evitar que as testemunhas, por estarem presentes no momento da lavratura do testamento, influenciem na vontade do testador;

c. *o concubino do testador casado, salvo se este, sem culpa sua, estiver separado de fato do cônjuge há mais de 5 (cinco) anos* – a intenção do legislador foi a de evitar que bens do patrimônio do casal passem para o(a) concubino(a), em detrimento dos direitos do legítimo consorte;

d. *o tabelião, civil ou militar, ou o comandante ou escrivão, perante quem se fizer, assim como o que fizer ou aprovar o testamento* – busca-se, igualmente, evitar que eventuais influências externas façam que o testador altere sua intenção nos atos de disposição de última vontade.

O art. 1.802 estabelece que

> *"São nulas as disposições testamentárias em favor de pessoas não legitimadas a suceder, ainda quando simuladas sob a forma de contrato oneroso, ou feitas mediante interposta pessoa".*

E o art. 1.859

> *"Extingue-se em cinco anos o direito de impugnar a validade do testamento, contado o prazo da data do seu registro".*

21

Das Disposições Testamentárias

Já dissemos que o testamento é o negócio jurídico por meio do qual o testador manifesta sua intenção para depois da morte. Poderá versar sobre a disposição de bens do declarante, como compreender apenas outras intenções do testador de caráter não-patrimonial.

Contudo, faz-se imperioso afirmar que o testamento é o único instrumento idôneo para a *instituição* de herdeiro, por vontade exclusiva do testador, já que em sua falta os bens da herança serão partilhados seguindo a ordem de vocação hereditária.

Da Nomeação de Herdeiros ou Legatários

Sendo o testamento o *único* instrumento apto a *instituir* herdeiro ou legatário por vontade expressa do testador, a nomeação poderá fazer-se de diversos modos, tais como:

a. nomeação pura e simples – não há imposição de qualquer cláusula para a nomeação de herdeiro ou legatário, de modo que o testamento produzirá efeitos desde o momento da abertura da sucessão.

Em conseqüência, a posse e a propriedade da herança transmitem-se com a morte do testador;

b. nomeação sob condição – a eficácia da nomeação está condicionada a evento futuro e incerto. A condição poderá ser suspensiva ou resolutiva. Se suspensiva, o herdeiro ou o legatário só adquirirá o direito com o implemento da condição. Se resolutiva, o direito do herdeiro extinguir-se-á com a verificação da condição. É que o sucessor sob condição resolutiva tem tão-somente a propriedade restrita e resolúvel dos bens testados;

c. nomeação a termo – embora seja vedada pelo ordenamento jurídico a designação do tempo em que deva começar ou cessar o direito do herdeiro, a nomeação a termo encontra uma exceção quando se tratar de disposições fideicomissárias.

Isso porque a eficácia da disposição testamentária subordina-se ao advento do termo quando, então, o fideicomissário será investido no domínio e posse da herança, resolvendo-se o direito do fiduciário;

d. nomeação para certo fim ou modo – dar-se-á a nomeação para certo fim quando o testador impuser ao herdeiro ou legatário o cumprimento de um encargo;

e. nomeação por certo motivo – por fim, dar-se-á a nomeação por certo motivo quando a nomeação de herdeiro ou legatário vier acompanhada da razão que a determinou, ou seja, o motivo da liberalidade do testador.

É *vedada* ao testador a designação do *tempo* em que deva começar ou cessar o direito do herdeiro, salvo nas disposições fideicomissárias, conforme já dissemos quando falamos sobre a nomeação a termo.

Com exceção dessa hipótese, se houver estipulações sobre termo inicial ou final do direito hereditário, ter-se-ão por não escritas no testamento.

Interpretação de Cláusula Testamentária

As disposições testamentárias deverão ser interpretadas levando-se em conta a *intenção* do testador. Deste modo, sendo uma das cláusulas do testamento suscetível de interpretações diversas, prevalecerá a que melhor assegurar a observância da vontade do testador.

A referida norma legal baseia-se no princípio segundo o qual nas declarações de vontade deve-se atender mais à sua intenção do que ao sentido literal da linguagem. Portanto, tais cláusulas não comportam interpretações inovadoras, devendo seguir a vontade do testador ou a disposição legal, se houver.

O art. 1.902 do novo Código Civil, por exemplo, dispõe que quando o testamento versar sobre disposições de última vontade em favor dos pobres ou de estabelecimentos particulares de caridade ou de estabelecimentos de assistência pública, compreender-se-ão relativas aos pobres do *lugar* do domicílio do testador ao tempo de sua morte ou dos estabelecimentos ali situados, *salvo se* constar, de maneira expressa, outra localidade que o testador tinha em mente beneficiar.

Portanto, em não havendo menção expressa da localização de tais instituições, determina a lei sejam beneficiadas aquelas que se situarem no último domicílio do testador. Além disso, quando concorrerem instituições públicas e privadas, terão estas preferência sobre aquelas.

Invalidade do Testamento e Nulidade de Disposições Testamentárias

Tanto os testamentos como as disposições testamentárias poderão ser nulos ou anuláveis. Embora pareça tratar-se do mesmo instituto, mister se faz distingui-los, começando pelas conseqüências de cada um. Sendo nulo o *testamento*, todo o ato será inutilizado; sendo nulas as *disposições testamentárias*, subsistirá o testamento na parte não afetada pela nulidade.

Quanto às causas de invalidade do *testamento* temos:

a. nulidade – será nulo o *testamento* quando lhe faltar um pressuposto ou requisito essencial que a lei exija para sua validade. As causas de nulidade do testamento poderão ser intrínsecas (quando disserem respeito à capacidade do testador) ou extrínsecas (quando o ato de disposição de última vontade não obedecer às solenidades legais estabelecidas pela lei);

b. anulabilidade – será anulável o *testamento* quando a vontade do testador estiver maculada de vícios que comprometam a validade do ato, como o erro, o dolo ou a coação. Tais causas de anulabilidade maculam o próprio ato de vontade do testador, invalidando por completo o testamento.

Em se tratando das *disposições testamentárias*, o Código dispõe serem *nulas* quando:

a. instituírem herdeiro ou legatário sob a condição captatória de que este disponha, também por testamento, em benefício do testador ou de terceiro;

b. o testamento se referir a pessoa incerta, cuja identidade não se possa averiguar;

c. o testamento favoreça a pessoa incerta, cometendo a determinação de sua identidade a terceiro;

d. o testamento deixar ao arbítrio do herdeiro ou de outrem a fixação do valor do legado;

e. o testamento favorecer as pessoas a que se referem os arts. 1.801 e 1.802 do novo Código Civil – serão nulas as disposições testamentárias em favor de pessoas não legitimadas a suceder, ainda que simuladas sob a forma de contrato oneroso ou feitas mediante interposta pessoa.

Contudo, valerão as disposições testamentárias presentes em ato de disposição de última vontade quando:

a. favorecerem pessoa incerta que deverá ser determinada por terceiro, dentre 2 (duas) ou mais pessoas mencionadas pelo testador, ou pertencentes a uma família ou a um corpo coletivo ou a um estabelecimento por ele designado;

b. remunerarem serviços prestados ao testador, por ocasião da moléstia de que faleceu, ainda que fique ao arbítrio do herdeiro ou de outrem determinar o valor do legado.

Ao lado das disposições testamentárias nulas, elencou o legislador aquelas passíveis de *anulação* quando viciadas pelo erro, dolo ou coação. Assim, serão anuláveis as disposições testamentárias quando incidirem em: *erro na designação da pessoa; ou erro na indicação dos bens.*

Pressupõe-se que o testador, ao redigir seu testamento, conheça a pessoa a quem espera beneficiar e indique os bens com os quais gostaria de beneficiá-la. Assim, o erro na designação da pessoa do herdeiro ou do legatário, ou mesmo o erro na indicação de bens do testador, anulará a disposição testamentária, salvo se pelo contexto do próprio testamento, ou por outros documentos, se puder identificar com precisão a pessoa ou a coisa a que o testador quis referir-se.

Extingue-se em 4 (quatro) anos o direito de *anular* a disposição testamentária, contados a partir do momento em que o interessado tiver conhecimento do vício.

Por fim, é preciso ressaltar que a ineficácia de uma disposição testamentária importará a ineficácia de outras que, sem aquela, não teriam sido determinadas pelo testador.

Disposições Conjuntas e Direito de Acrescer

O direito de acrescer é uma substituição presumida na lei, em virtude da qual o co-herdeiro ou o co-legatário recolhe a porção atribuída, em disposição conjunta, a outro herdeiro ou legatário.[62]

[62] GOMES, Orlando. *Sucessões*. 11. ed. rev. e atual. por Humberto Theodoro Júnior. 3. tir. Rio de Janeiro: Forense, 2002.

Assim, se o testamento nomear dois ou mais herdeiros, sem discriminar a parte cabível a cada um deles, partilhar-se-á por igual o bem testado.

Por outro lado, se o testador nomear certos herdeiros individualmente e outros coletivamente, a herança será dividida em tantas quotas quantos forem os indivíduos e os grupos por ele designados. Portanto, supondo-se que a herança seja de R$ 250,00 e o testamento faça menção a 3 (três) grupos de herdeiros, cada qual com um determinado número de beneficiários:

a. para o Grupo *A*, composto de 2 (dois) herdeiros, o testador deixou R$ 50,00: cada um receberá R$ 25,00;
b. para o Grupo *B*, composto de 5 (cinco) herdeiros, o testador deixou R$ 100,00: cada um receberá R$ 20,00;
c. para o Grupo *C* sobre o qual nada dispôs o testador relativamente aos valores, e que era composto de apenas um herdeiro vivo no momento da abertura da sucessão, restará, obviamente, a herança de R$ 100,00. Isso porque se o testamento determinar os quinhões de alguns herdeiros, mas não os de outros, distribuir-se-á por igual a estes últimos o que restar, depois de completas as porções hereditárias dos primeiros.

Por outro lado, tendo sido determinadas as quotas de cada herdeiro e de suas partilhas, se não houver sido absorvida toda a herança, o remanescente pertencerá aos herdeiros legítimos, segundo a ordem da vocação hereditária. No exemplo acima, portanto, se o testador houvesse deixado apenas R$ 30,00 para o Grupo *C*, restaria a quantia de R$ 70,00 que pertenceria aos herdeiros legítimos do testador.

De igual modo, pertencerão aos herdeiros legítimos os objetos sobre os quais dispuser o testador não caberem ao herdeiro instituído. Portanto, supondo-se que o testador disponha que ao herdeiro *X* caberá uma casa localizada no litoral, com exceção dos móveis e objetos que a guarnecem, caberá ao *herdeiro testamentário* o imóvel, mas os bens móveis serão partilhados entre os *herdeiros legítimos* do testador.

Cláusulas Restritivas

Embora a legítima pertença, de pleno direito, ao herdeiro necessário, poderá o testador clausulá-la, impondo-lhe restrições, dentre as quais podemos citar:

a. inalienabilidade – a cláusula de inalienabilidade, como o próprio nome diz, consiste na proibição de alienar os bens deixados ao herdeiro;
b. impenhorabilidade – o bem gravado por esta cláusula não poderá ser penhorado e se por um acaso o for, a penhora será nula;
c. incomunicabilidade – por esta cláusula, o testador impede que o bem integre a comunhão estabelecida com o casamento. Deste modo, os bens clausulados farão parte do patrimônio exclusivo do cônjuge beneficiado.

A cláusula de inalienabilidade, imposta aos bens por ato de liberalidade do testador, implica também a impenhorabilidade e a incomunicabilidade desses bens. Contudo, a inalienabilidade refere-se tão-somente à proibição de atos de disposição *voluntários* do herdeiro. Desse modo, o herdeiro, proprietário do bem gravado, poderá perdê-lo em caso de desapropriação.

Nas hipóteses de desapropriação de bens clausulados ou em caso de conveniência econômica do donatário ou do herdeiro, mediante autorização judicial, o produto da venda converter-se-á em outros bens, sobre os quais incidirão as restrições apostas aos primeiros.

Da Redução das Disposições Testamentárias

Determina o art. 1.966 do novo Código Civil que

> *"O remanescente pertencerá aos herdeiros legítimos, quando o testador só em parte dispuser da quota hereditária disponível".*

Contudo, ainda que o testador disponha apenas em parte de seu patrimônio, há que se notar que o testamento deverá preservar a *legítima* dos herdeiros necessários, de modo que as disposições que excederem a parte disponível reduzir-se-ão aos limites dela.

Nos casos em que o testador houver disposto também sobre sua parte indisponível, tem o *herdeiro legítimo* o direito de pleitear a *redução da liberalidade*, até que se complete a *legítima*. A redução somente se operará nos casos em que o testador houver excedido a *parte disponível* de seus bens.

Verifica-se que a redução das disposições testamentárias é forma de garantir a *integridade da legítima*, que deverá ser destinada aos herdeiros necessários e sobre a qual não poderia o testador ter disposto.

Das Disposições Excedentes aos Limites da Legítima

As disposições testamentárias que excederem a parte disponível da herança reduzir-se-ão aos limites dela, em conformidade com o disposto abaixo:

a. se as disposições testamentárias excederem a porção disponível do testador, serão proporcionalmente reduzidas as quotas dos herdeiros instituídos, até quanto baste para preservar a legítima. Ainda assim, se não bastar, serão reduzidos os legados, na proporção de seus valores;
b. se o testador, prevendo que o bem testado poderia ultrapassar sua parte disponível, estabelecer a preferência para que se inteirem as quotas de certos herdeiros e legatários, a redução far-se-á nos *outros* quinhões ou legados, observando-se a proporcionalidade das quotas desses herdeiros.

O legado sujeito à redução, quando consistir em prédio divisível, far-se-á dividindo proporcionalmente o bem. Contudo, se não for possível ou viável a divisão, e o excesso do legado ultrapassar 1/4 (um quarto) do valor do prédio, o legatário deixá-lo-á inteiro na herança, ficando com o direito de pedir aos herdeiros o valor que lhe couber na parte disponível.

Se o excesso do legado consistente em prédio divisível não ultrapassar 1/4 (um quarto) do bem, o legatário deverá devolver aos herdeiros necessários, em dinheiro, o excesso da parte disponível do testador, ficando com o prédio testado.

Assim, no caso de imóvel indivisível, se o excesso do legado representar mais de1/4 (um quarto) do valor do prédio, o legatário não ficará com o imóvel, mas terá o direito de pedir aos herdeiros o valor que lhe couber na parte disponível. No caso de o excesso não ultrapassar 1/4 (um quarto) do valor do imóvel indivisível, o legatário ficará com o bem todo, devendo pagar aos herdeiros, em dinheiro, o valor da parte excedente.

Se o legatário for, ao mesmo tempo, herdeiro necessário, poderá inteirar sua *legítima* no mesmo imóvel, tendo preferência sobre os outros herdeiros, sempre que a legítima e a parte subsistente do legado absorverem o valor do bem.

Da Revogação do Testamento

É da essência do testamento, como ato de manifestação de vontade, ser revogável, podendo o testador, a qualquer momento, fazê-lo, sem que necessite justificar-se.

Contudo, a *revogação* do testamento deverá seguir forma própria e adequada. Assim, se para a instituição de herdeiros por testamento o testador deverá observar o cumprimento dos requisitos dos *negócios jurídicos*, então do mesmo modo deverá fazê-lo para a revogação do testamento. É imprescindível que seja feito por agente capaz, com objeto lícito e na forma prescrita ou não defesa por lei.

Nada obsta que o testamento público seja revogado por testamento particular, desde que fique comprovado o cumprimento das formalidades do ato revogatório. Assim, basta que a declaração revogatória do testador se exare num ato com a forma e substância de testamento.[63]

A revogação do testamento é o ato por meio do qual o testador expressa vontade contrária àquela exteriorizada em instrumento anterior. Poderá ser *expressa* ou tácita, total ou parcial:

a. *expressa* – será expressa quando o testador declarar, manifestamente, em negócio jurídico posterior, sua intenção revogatória;
b. *tácita* – caracteriza-se quando disposição testamentária posterior for incompatível com a do testamento anterior;
c. *total* – muito embora neste caso não subsistam as disposições testamentárias anteriores, Orlando Gomes[64] afirma que sobreviverão certas disposições do testamento revogado. *"São as que, por sua natureza, não perdem a eficácia. O reconhecimento de filho, por exemplo, é uma delas que, encerrando confissão, não pode ser retratada"*;
d. *parcial* – subsistem as disposições testamentárias não atingidas pela declaração posterior do testador. Sendo a revogação parcial ou não contendo o testamento posterior cláusula revogatória expressa, o testamento anterior subsistirá em tudo que não for contrário ao posterior.

O testamento anterior poderá ser revogado por meio de um testamento posterior, seja ele público, cerrado, particular, seja marítimo ou militar. Atente, contudo, que os *codicilos* não serão instrumentos aptos para revogar testamentos.

A *revogação* produzirá seus efeitos ainda quando o testamento que a encerra vier a caducar por exclusão, incapacidade ou renúncia do herdeiro nele nomeado. Se, ao contrário, o testamento posterior (revogatório) for anulado por omissão, infração de solenidades essenciais ou por vícios intrínsecos, então a revogação não surtirá efeitos, permanecendo eficaz o testamento anterior supostamente revogado.

---

[63] GOMES, Orlando. *Sucessões*. 11. ed. rev. e atual. por Humberto Theodoro Júnior. 3. tir. Rio de Janeiro: Forense, 2002. p. 217.

[64] *Id.*

O *testamento cerrado* que o testador abrir ou dilacerar, ou tenha sido aberto ou dilacerado com seu consentimento, presumir-se-á revogado.

Do Rompimento do Testamento

Com grande acuidade explica Orlando Gomes[65] que *"a* caducidade *do testamento, contrário da revogação, é um aspecto de sua ineficácia, que não resulta da declaração de vontade do testador, mas de circunstâncias de fato a que a lei atribui tal conseqüência. Seja qual for a causa da caducidade, torna-se ineficaz o testamento, aplicando-se à sucessão as regras da devolução sucessória legal, pelas quais são chamados os herdeiros legítimos, a menos que se devam invocar os preceitos concernentes à substituição ou ao direito de acrescer".*

Os arts. 1.973 e seguintes do novo Código Civil tratam das hipóteses de caducidade do testamento, editando que se romperá o ato de disposição de última vontade na ocorrência de determinadas circunstâncias:

a. *superveniência de descendente sucessível* – ocorrerá a caducidade do testamento por essa hipótese se o testador, no momento da lavratura do ato, ainda não tinha o referido herdeiro ou não o conhecia. Contudo, o rompimento das disposições testamentárias só persistirá, nesse caso, se o descendente sobreviver ao testador;

b. *ignorância sobre a existência de demais herdeiros necessários* – também caducará o testamento se o testador, no momento da lavratura do ato de manifestação de vontade, ignorava a existência de herdeiros necessários, dispondo da totalidade de seu patrimônio, sem reservar a legítima.

[65] GOMES, Orlando. *Sucessões*. 11. ed. rev. e atual. por Humberto Theodoro Júnior. 3. tir. Rio de Janeiro: Forense, 2002. p. 224.

No entanto, não haverá a caducidade do testamento se o testador dispuser apenas de sua quota disponível, não contemplando, no ato de disposição de última vontade, os herdeiros necessários de cuja existência sabia ou quando o próprio testador quis excluí-los dessa metade.

Em tais hipóteses, não há que se falar em rompimento de testamento, pois o testador dispôs apenas de sua parcela disponível de bens, respeitando a legítima, o que não acarretará qualquer prejuízo aos herdeiros necessários.

Do Testamenteiro

Denomina-se *testamenteiro* o indivíduo nomeado pelo testador para dar cumprimento às suas disposições de última vontade. A nomeação de testamenteiro é ato livre do testador, podendo ele optar por aquele que melhor lhe convier ou que, a seu juízo, demonstrar maior aptidão para o exercício do encargo. Ao conjunto de atribuições incumbidas ao testamenteiro dá-se o nome de *testamentaria.*

A pessoa física nomeada pelo testador para cumprimento do encargo deverá estar em pleno gozo de sua capacidade civil. A indicação do testamenteiro far-se-á por *testamento* ou *codicilo.*

O exercício da testamentaria poderá ser delegado a um ou mais testamenteiros, sendo facultado ao testador nomeá-los, em conjunto ou separadamente. O art. 1.986 estabelece que

> *"Havendo simultaneamente mais de um testamenteiro, que tenha aceitado o cargo, poderá cada qual exercê-lo, em falta dos outros; mas todos ficam solidariamente obrigados a dar conta dos bens que lhes forem confiados, salvo se cada um tiver, pelo testamento, funções distintas, e a elas se limitar".*

O encargo da testamentaria é *personalíssimo*, sendo, pois, *intransmissível* aos herdeiros ou *indelegável* a terceira pessoa. Contudo, para a prática de determinados atos ou para o cumprimento de disposições contidas no testamento, poderá o testamenteiro fazer-se representar, em juízo ou fora dele, por procurador munido de instrumento de mandato com poderes especiais.

Da Aceitação da Testamentaria

Ninguém será obrigado a aceitar a testamentaria, de modo que o indivíduo nomeado pelo testador poderá *recusá-la* sem se justificar. Contudo, uma vez aceito o encargo, o testamenteiro dele só poderá eximir-se demonstrando razões para sua *renúncia*.

Na falta de testamenteiro nomeado pelo testador ou havendo recusa do escolhido, a execução testamentária competirá ao cônjuge sobrevivente ou, na falta deste, ao herdeiro nomeado pelo juiz.

Das Espécies de Testamenteiro

O testamenteiro será considerado *universal* ou *particular* em conformidade com a concessão ou não pelo testador da posse e administração da herança. Se houver cônjuge supérstite ou herdeiros necessários, será vedado ao testamenteiro exercer a posse e a administração da herança, pois a eles cabe o desempenho dessas funções.

Se o testamenteiro for *universal*, ou seja, se ele tiver a posse e a administração dos bens, incumbir-lhe-á requerer o inventário e cumprir o testamento. Nessas hipóteses, o testamenteiro cumulará sua função com a de inventariante. Sendo o testamenteiro *particular*, incumbir-lhe-á exigir dos herdeiros os meios necessários para o cumprimento das disposições testamentárias.

O art. 1.977, parágrafo único, estabelece que

> *"Qualquer herdeiro pode requerer partilha imediata, ou devolução da herança, habilitando o testamenteiro com os meios necessários para o cumprimento dos legados, ou dando caução de prestá-los".*

Das Obrigações do Testamenteiro

Dentre os deveres do testamenteiro podemos destacar:

a. *defender a validade do testamento* – este, por certo, é o dever mais importante do testamenteiro. Para o cumprimento deste mister poderá o testamenteiro solicitar auxílio do inventariante e dos herdeiros instituídos, com ou sem concurso. Porém, não estará adstrito a essas participações, podendo defender, por si só, a validade do ato independentemente da presença daqueles;
b. *requerer o registro do testamento* – o testamenteiro nomeado, ou qualquer parte interessada, poderá requerer que o detentor do testamento o leve a registro. Igualmente, poderá o magistrado ordenar, *ex officio*, que o detentor do testamento assim proceda;
c. *cumprir as disposições testamentárias* – o testamenteiro estará obrigado a cumprir as disposições testamentárias, no prazo definido pelo testador, bem como prestar contas do que recebeu e despendeu no cumprimento desses encargos. Subsistirá a responsabilidade do testamenteiro enquanto durar a execução do testamento;
d. *o cumprimento das demais atribuições delimitadas pelo testador* – além das atribuições acima referidas, competirá ao testamenteiro, ainda, o cumprimento de outras funções que lhe houverem sido conferidas pelo testador, desde que não excedam os limites legais;
e. *o exercício de funções de inventariante* – se o testador tiver distribuído toda a herança em legados, exercerá o testamenteiro as funções de inventariante. Exercerá igualmente a função de inventariante se com ele estiverem a posse e a administração dos bens da herança.

Não concedendo o testador prazo maior, o testamenteiro cumprirá o testamento e prestará contas no prazo máximo de 180 (cento e oitenta dias), contados da aceitação da testamentaria, salvo se concedido maior prazo pelo magistrado, após a verificação de motivos que o justifiquem.

Da Remuneração do Testamenteiro

O exercício da testamentaria não é ofício gratuito, de modo que o testamenteiro terá direito a uma remuneração à qual se dá o nome de *vintena*. Contudo, essa remuneração só será devida se o testamenteiro não for herdeiro ou legatário, pois nessas hipóteses o testador já lhe terá concedido um benefício pelo encargo desempenhado.

Alguns doutrinadores entendem que, ainda que seja herdeiro legítimo do testador, o testamenteiro teria direito à vintena, porque aquilo que recebe na sucessão resulta de sua capacidade de herdeiro legítimo e não de sua condição de testamenteiro.[66]

A vintena, salvo se houver disposição testamentária em contrário, será fixada entre 1% (um por cento) e 5% (cinco por cento) da *herança testamentária líquida*, e será arbitrado pelo magistrado levando em conta a maior ou menor dificuldade na execução do testamento. Entende-se por *herança líquida* o saldo remanescente, após o pagamento das dívidas do *de cujus*, das despesas com o funeral e custeio do inventário.

O prêmio arbitrado pela execução da testamentaria será descontado da parte disponível da herança quando houver herdeiro necessário.

O art. 1.138, § 2º, do Código de Processo Civil estabelece que

> *"Sendo o testamenteiro casado, sob o regime de comunhão de bens, com herdeiro ou legatário do testador, não terá direito ao prêmio; ser-lhe-á lícito, porém, preferir o prêmio à herança ou legado".*

Tal é também a disposição do art. 1.988 do novo Código Civil, segundo o qual

> *"O herdeiro ou o legatário nomeado testamenteiro poderá preferir o prêmio à herança ou ao legado".*

[66] RODRIGUES, Silvio. *Direito civil*–Direito das sucessões. 22. ed. São Paulo: Saraiva, 1998. p. 235.

Por fim, sendo removido o testamenteiro por não ter cumprido o testamento ou por ter agido com culpa ou dolo no cumprimento do encargo, reverterá à herança o prêmio a que ele teria direito.

22

Das Formas Ordinárias de Testamentos

Como já dissemos, testamento é o ato jurídico solene cuja eficácia fica subordinada à obediência de forma prescrita em lei.

O ordenamento jurídico brasileiro reconhece vários tipos de testamento válido, dividindo-os em: *testamentos ordinários* (público, cerrado ou particular); e *testamentos especiais* (marítimo, aeronáutico ou militar).

Qualquer que seja a forma escolhida pelo testador, é expressamente vedado o *testamento conjuntivo*, seja ele *simultâneo* (ocorre quando dois testadores, no mesmo ato, beneficiam simultaneamente uma só pessoa), *recíproco* (quando os testadores, num só ato, beneficiam-se mutuamente) ou *correspectivo* (quando o benefício outorgado por um dos testadores ao outro retribui vantagem correspondente),[67] conforme reza o art. 1.863 do Código Civil, pois o testamento, por ser

---

[67] DINIZ, Maria Helena. *Código Civil anotado*. 3. ed. São Paulo: Saraiva, 1997. p. 1.014.

um instrumento de caráter personalíssimo, não poderá ser realizado *em conjunto* por duas pessoas, ainda que sejam marido e mulher.

Do Testamento Público

Denomina-se *testamento público* o ato de disposição de vontade formalizado perante o tabelião do Cartório competente, lavrado em livro de notas, em conformidade com declaração de vontade do testador, exarada verbalmente, em língua nacional, na presença de testemunhas idôneas e desimpedidas.

São requisitos do *testamento público*:

a. que seja escrito por tabelião, ou por substituto legal, em seu livro de notas, de acordo com as declarações do testador. Este, porém, poderá servir-se de minuta de testamento, notas ou apontamentos;
b. que, após a lavratura do instrumento, seja o testamento lido em voz alta pelo tabelião ao testador e a 2 (duas) testemunhas, a um só tempo; ou pelo testador, se o quiser, na presença destas e do oficial;
c. que, após a leitura do instrumento, seja assinado pelo testador, pelas testemunhas e pelo tabelião.

Na sistemática do Código revogado, exigia-se que o tabelião fizesse constar em seu livro de notas exatamente aquilo que lhe fora ditado ou declarado pelo testador. Além disso, o testamento deveria ser feito na presença de 5 (cinco) testemunhas.

De acordo com o novo diploma, poderá o testador valer-se de minutas ou anotações para, com mais clareza, expressar sua vontade. Além do mais, o número de testemunhas que deverão presenciar o ato passou a ser dois.

O testamento público pode ser escrito manualmente ou mecanicamente. Poderá, ainda, ser feito mediante a inserção da declaração de vontade em partes impressas de livro de notas, desde que rubricadas todas as páginas pelo testador.

Mais uma vez, reportando-nos ao Código revogado, cumpre lembrar que não se previa a elaboração do testamento público por meio mecânico (datilografado), muito embora a jurisprudência já o aceitasse. Pelo Código atualmente em vigor, passou a ser permitida a lavratura, por meio mecânico, de testamento público.

Se o testador não souber ou não puder assinar, caberá ao tabelião ou seu substituto legal declarar essa circunstância, fazendo-a constar do próprio instrumento. Nesse caso, assinará pelo testador, e a seu rogo, uma das testemunhas instrumentárias.

Quando o testador for pessoa inteiramente surda, seu testamento será por ele mesmo lido, salvo se não souber ler, quando então designará pessoa de sua confiança para que o leia em seu lugar, perante as testemunhas instumentárias.

Aos *cegos* só se permitirá a disposição de última vontade quando formalizada por *testamento público*. Nesse caso, após a lavratura do instrumento, o testamento será lido duas vezes: uma pelo tabelião ou seu substituto legal; e a outra por uma das testemunhas, designada pelo testador. Todas estas formalidades deverão ser mencionadas, circunstanciadamente, no termo do testamento.

A vantagem do testamento público é que, por ser efetuado no livro de notas do Cartório competente, reveste-se de inegável segurança contra eventuais extravios, uma vez que possui localização exata e precisa, ficando o oficial do Registro responsável pela sua guarda e manutenção. Contudo, tendo em vista seu caráter público e seu conteúdo constar em livro de notas, é de livre acesso, ou seja, qualquer pessoa poderá obter certidões de seu conteúdo e tomar conhecimento de suas disposições.[68] Este seria um dos inconvenientes do testamento público.

Do Testamento Cerrado

Denomina-se *testamento cerrado* a declaração de vontade firmada pessoalmente pelo testador ou por interposta pessoa, a seu rogo, e aprova-

[68] RODRIGUES, Silvio. *Direito civil*–Direito das sucessões. 22. ed. São Paulo: Saraiva, 1998. p. 110.

da pelo tabelião ou por seu substituto legal. A vantagem do testamento cerrado é que apenas o testador conhece seu conteúdo, diferentemente do que ocorre com o testamento público.

Para que tenha eficácia o *testamento cerrado*, mister se faz o cumprimento das seguintes formalidades, nos termos do art. 1.868 do atual Código Civil:

> *"I. que o testador o entregue ao tabelião em presença de duas testemunhas;*
> *II. que o testador declare que aquele é o seu testamento e quer que seja aprovado;*
> *III. que o tabelião lavre, desde logo, o auto de aprovação, na presença de duas testemunhas, e o leia, em seguida, ao testador e testemunhas;*
> *IV. que o auto de aprovação seja assinado pelo tabelião, pelas testemunhas e pelo testador".*

O testamento cerrado também poderá ser escrito mecanicamente, desde que seu subscritor numere e autentique, com a sua assinatura, todas as páginas do documento.

O *auto de aprovação* deverá ser escrito pelo tabelião logo após a última palavra do testador. Após, o tabelião declarará, sob sua fé, que o testador lhe entregou o documento para ser aprovado na presença das testemunhas, passando, então, a cerrar e coser o instrumento aprovado.

O art. 1.869, parágrafo único, do Código Civil estabelece que

> *"Se não houver espaço na última folha do testamento, para início da aprovação, o tabelião aporá nele o seu sinal público, mencionando a circunstância no auto".*

Caso o tabelião tenha escrito o testamento a rogo do testador, poderá ele mesmo aprová-lo, mediante a lavratura do auto respectivo.

É facultado ao testador redigir o testamento cerrado em língua nacional ou estrangeira, assim como lhe é facultado que solicite a outrem que o escreva. Será, contudo, terminantemente vedada a disposição de bens por testamento cerrado de quem não saiba ou não possa ler.

Ao *surdo-mudo* é facultada a elaboração de testamento cerrado, contanto que seja por ele mesmo escrito e assinado e que, ao entregá-lo pessoalmente ao tabelião, perante 2 (duas) testemunhas, escreva o testador, na face externa do papel ou do envoltório, que aquele é o seu testamento, cuja aprovação pede seja feita pelo oficial público.

Após a aprovação e a costura do testamento cerrado, o instrumento será entregue ao testador, e o tabelião lançará, em seu livro oficial, o lugar, o dia, o mês e o ano em que o testamento foi aprovado e entregue.

Da Abertura do Testamento Cerrado

Falecendo o testador, o testamento será apresentado ao juiz, que o abrirá e o fará registrar, ordenando seja cumprido, se não achar vício externo que o torne eivado de nulidade ou suspeito de falsidade.

Quando o testamento for apresentado ao magistrado, este o examinará a fim de verificar a existência de possíveis evidências de atos que possam comprometer a sua validade, como, por exemplo, sinais de rompimento ou abertura da costura ou lacre. Caso entenda necessário, o juiz poderá ordenar a elaboração de perícia a fim de constatar possíveis irregularidades.

Não obstante o excesso de formalidades previsto para a validade do *testamento cerrado*, resta claro que sua principal vantagem reside no fato de que apenas o testador conhece seu conteúdo, uma vez que suas disposições *não* são transcritas e lançadas no livro de notas do tabelião. Este apenas lavra o *auto de aprovação*.

Do Testamento Particular

Além do testamento público e do testamento cerrado, o ordenamento jurídico brasileiro prevê uma terceira forma de testamento ordinário, qual seja o particular. Denomina-se, pois, *testamento particular* o ato de declaração de vontade escrito e assinado pelo próprio testador e lido em voz alta perante, pelo menos, 3 (três) testemunhas idôneas e desimpedidas que também o assinam.

Conforme se vê, o testamento particular apresenta uma inegável vantagem econômica sobre os demais testamentos, além de ser mais prático, por dispensar a presença do tabelião quando de sua lavratura. A validade do testamento particular estará apenas condicionada ao cumprimento dos requisitos acima enumerados, quais sejam:

a. que tenha sido escrito e assinado pelo próprio testador;
b. que tenha sido lido, em voz alta, na presença de pelo menos 3 (três) testemunhas, idôneas e desimpedidas.

Contudo, se, por um lado, a dispensa da autoridade notarial traz uma certa praticidade à lavratura do testamento, por outro poderá facilitar eventuais atos coercitivos sobre a declaração de vontade do testador, a fim de que este privilegie algum interessado em detrimento dos demais.

É evidente que nessas hipóteses será mais difícil a constatação de eventual vício que possa levar a superveniência de um instrumento que não represente, com fidelidade, a intenção do testador.

Mas não é só. Além dessa fragilidade, há também o risco de extravio do testamento particular, uma vez que o instrumento original será guardado até que sobrevenha a morte do testador. Ao contrário do que ocorre no testamento público, este não será lançado em livro notarial, de modo que se houver extravio o testamento não poderá ser cumprido, mesmo que sobrevivam as testemunhas.

Da Lavratura do Testamento Particular

O testamento particular poderá ser escrito de próprio punho ou mediante processo mecânico. Se escrito de *próprio punho*, são requisitos essenciais à sua validade que seja lido e assinado pelo testador, na presença de pelo menos 3 (três) testemunhas, que o devem subscrever.

Se elaborado por *processo mecânico*, não poderá conter rasuras ou espaços em branco, devendo ser assinado pelo testador, depois de sua leitura na presença de pelo menos 3 (três) testemunhas, que o subscreverão.

O testamento particular poderá, ainda, ser escrito em língua estrangeira, contanto que as testemunhas instrumentárias compreendam a língua em que foi redigido.

O art. 1.130 do Código de Processo Civil estabelece que:

> *"O herdeiro, o legatário ou o testamenteiro poderá requerer, depois da morte do testador, a publicação em juízo do testamento particular, inquirindo-se as testemunhas que lhe ouviram a leitura e, depois disso, o assinaram".*

Deste modo,

> *"Se as testemunhas forem contestes sobre o fato da disposição, ou, ao menos, sobre a sua leitura perante elas, e se reconhecerem as próprias assinaturas, assim como a do testador, o testamento será confirmado".*[69]

Aqui é que reside o maior inconveniente do testamento particular. É que sendo documento de conhecimento exclusivo do testador e das testemunhas que presenciaram o ato de declaração de vontade, a falta destas poderia inviabilizar de tal modo o testamento, que não haveria como ser cumprida a intenção do testador.

Por esse motivo, dispôs o legislador que se faltarem algumas testemunhas, por morte ou ausência, mas se pelo menos uma delas reconhecer o testamento, o ato poderá ser confirmado, se, a critério do magistrado, houver prova suficiente de sua veracidade.

Dispõe o art. 1.879 do novo Código Civil que o testamento particular redigido de próprio punho e assinado pelo testador, embora sem a assinatura das testemunhas, poderá ser confirmado e declarado válido pelo magistrado desde que se dê em circunstâncias excepcionais

---

[69] Art. 1.878 do Código Civil.

declaradas na cédula, cujo convencimento ficará a cargo do juiz. Eis aqui uma inovação de grande alcance, inexistente no Código revogado.

Dos Codicilos

Denomina-se *codicilo* o escrito particular por meio do qual o declarante dispõe sobre seu enterro, sobre donativos a determinadas pessoas ou aos pobres de certo lugar, assim como sobre móveis, roupas ou jóias, de pouco valor, de seu uso pessoal. Poderá o declarante valer-se do codicilo também para nomear ou substituir *testamenteiros*.

Toda pessoa capaz de testar poderá deixar codicilo, que será válido desde que o ato se formalize mediante *escrito particular* próprio do declarante, datado e assinado. As disposições constantes em codicilos independem de testamento do autor.

Os atos de disposição de vontade constantes em codicilos poderão ser revogados da mesma forma como foram instituídos, ou seja, por meio de codicilo posterior. Entretanto, considerar-se-ão automaticamente revogados se, em testamento posterior, de qualquer natureza, o testador não os confirmar ou modificá-los.

Os codicilos prescindirão do cumprimento das formalidades legais exigidas para a validade do testamento. Contudo, se o codicilo estiver fechado, abrir-se-á do mesmo modo como se faz com o testamento cerrado.

23

Dos Testamentos Especiais

No capítulo anterior tratamos dos testamentos ordinários. No entanto, o ordenamento jurídico brasileiro reconhece algumas outras formas de testamento, designadas como *especiais*. Devido à excepcionalidade das circunstâncias em que são admitidos os testamentos especiais, o legislador faculta ao testador dispor de seus bens *sem* a estrita observância de todas as formalidades que deverão revestir os testamentos ordinários.

São testamentos especiais: o testamento marítimo, o testamento aeronáutico e o testamento militar.

Do Testamento Marítimo e do Testamento Aeronáutico

Denomina-se *testamento marítimo* a declaração de vontade de quem estiver em viagem, a bordo de navio *nacional*, de *guerra* ou *mercante*. A intenção do testador será externada perante o comandante, na presença de 2 (duas) testemunhas, na forma que corresponda ao testamento público ou ao cerrado. Após a lavratura do instrumento, o registro do testamento far-se-á no diário de bordo.

Admite-se, igualmente, o *testamento aeronáutico* daquele que estiver em viagem, a bordo de *aeronave militar* ou *comercial*, quando o ato de disposição de vontade for emanado perante pessoa designada pelo comandante, observando-se as disposições relativas ao testamento marítimo.

As disposições concernentes aos testamentos especiais justificam-se diante de situações de emergência, em que o testador tenha receio de falecer no curso da viagem. Contudo, trata-se de uma forma provisória de testar, vez que a validade do testamento dependerá da observância dos dispositivos previstos nos arts. 1.891 e 1.892 do novo Código Civil, conforme será apontado adiante.

O testamento marítimo ou aeronáutico corresponderá ao *testamento público* quando o instrumento for lavrado e redigido pelo comandante, a pedido do testador e consoante suas declarações, na presença das testemunhas.

Por outro lado, corresponderá ao *testamento cerrado* quando o instrumento for redigido pessoalmente pelo testador ou por alguém a seu rogo, sendo que, após sua lavratura, seja por este entregue ao comandante, na presença das testemunhas, informando-os tratar-se de sua disposição de última vontade. O comandante certificará o ocorrido, no próprio instrumento, logo após a última linha escrita, datando-o e assinando-o conjuntamente com as testemunhas.

O art. 1.890 estabelece que

> *"O testamento marítimo ou aeronáutico ficará sob a guarda do comandante, que o entregará às autoridades administrativas do primeiro porto ou aeroporto nacional, contra recibo averbado no diário de bordo".*

Caducará o testamento marítimo ou aeronáutico se o testador não morrer na viagem, nem nos 90 (noventa) dias subseqüentes ao seu desembarque em terra, onde poderá então fazer, na forma ordinária, outro testamento.

Igualmente, não valerá o testamento marítimo, ainda que feito no curso de uma viagem, se, ao tempo em que foi feito, o navio estava em porto onde o testador podia desembarcar e testar na forma ordinária.

Essa disposição legal corresponde ao propósito a que se destinam os testamentos especiais: declarações de vontade de caráter provisório, realizadas em situações de emergência pela qual passa o testador. Assim, se estiver apto a desembarcar e testar de forma ordinária, não existe razão para essa espécie de testamento.

Do Testamento Militar

Denomina-se *testamento militar* a declaração de vontade exteriorizada por militares ou demais pessoas a serviço das Forças Armadas (médicos, jornalistas, telegrafistas etc.) em campanha, dentro do País ou fora dele, quando em praça sitiada ou local onde as comunicações estejam interrompidas.

O testamento especial, neste caso, ante a inexistência de tabelião ou de seu substituto legal, será formalizado diante de 2 (duas) ou 3 (três) testemunhas, se o testador não puder ou não souber assinar, caso em que uma destas testemunhas assinará por ele, conforme dita o art. 1.893 em seus parágrafos:

> *"§ 1º – Se o testador pertencer a corpo ou seção de corpo destacado, o testamento será escrito pelo respectivo comandante, ainda que de graduação ou posto inferior".*

> *"§ 2º – Se o testador estiver em tratamento em hospital, o testamento será escrito pelo respectivo oficial de saúde, ou pelo diretor do estabelecimento".*

> *"§ 3º – Se o testador for o oficial mais graduado, o testamento será escrito por aquele que o substituir".*

O art.1.894 estabelece que

> *"Se o testador souber escrever, poderá fazer o testamento de seu punho, contanto que o date e assine por extenso, e o apresente aberto ou cerrado, na presença de duas testemunhas ao auditor, ou ao oficial de patente, que lhe faça as vezes neste mister".*

E, conforme o parágrafo único desse artigo, ao recebê-lo,

> *"O auditor, ou o oficial a quem o testamento se apresente notará, em qualquer parte dele, lugar, dia, mês e ano, em que lhe for apresentado, nota esta que será assinada por ele e pelas testemunhas".*

Tanto os militares quanto as demais pessoas a serviço das Forças Armadas em campanha poderão *testar oralmente* quando estiverem empenhadas em combate ou encontrarem-se feridas, confiando a sua última vontade a 2 (duas) testemunhas. Entretanto, não terá efeito o testamento se o testador não morrer na guerra ou convalescer do ferimento.

Caducará o testamento militar desde que, após sua lavratura, o testador esteja, pelo período de 90 (noventa) dias seguidos, em lugar onde possa testar na forma ordinária, salvo se esse testamento se revestir das solenidades prescritas no parágrafo único do art. 1.894 do novo Código Civil.

24

Dos Legados

Dá-se o nome de *legado* à disposição testamentária a *título particular* pela qual o testador deixa a alguém um *valor fixado* ou uma ou mais *coisas determinadas*. Qualquer pessoa, *física* ou *jurídica*, poderá ser contemplada com legado.

Disposições Gerais

O *legado* é, pois, uma sucessão *causa mortis*, a *título singular*, unilateral, que somente produzirá seus efeitos com o falecimento do *de cujus*. Difere da *herança*, porque esta compreende a sucessão legal ou testamentária, incidindo sobre a totalidade dos bens do falecido, ou seja, trata-se de uma sucessão a *título universal*.[70]

[70] DINIZ, Maria Helena. *Curso de direito civil brasileiro* – Direito das sucessões. 11. ed. São Paulo: Saraiva, 1997. v. 6. p. 221.

O legado somente poderá ser instituído por intermédio de *testamento* ou *codicilo*, sendo facultada esta forma apenas quando versar sobre bens de pequeno valor. Ademais, por ser ato de disposição de última vontade, infere-se que a capacidade para legar é conferida a todos aqueles que são aptos a testar.

Para que o legado seja válido e eficaz, mister se faz que a coisa deixada pelo testador a ele pertença no momento da abertura da sucessão. Se somente em parte pertencer ao testador, só quanto a ela valerá o legado, visto ser terminantemente vedado ao testador dispor sobre bens de outrem, considerando-se *nulo* o legado que assim dispuser.

O art. 1.913 estabelece que, a par da regra geral, o ordenamento jurídico pátrio reconhece a validade do legado por meio do qual

> *"Se o testador ordenar que o herdeiro ou legatário entregue coisa de sua propriedade a outrem, não o cumprindo ele, entender-se-á que renunciou à herança ou ao legado".*

Essa hipótese é uma exceção à regra geral segundo a qual o testador não poderá dispor de bens que não sejam seus, no momento da abertura da sucessão.

Muito embora seja vedado ao testador dispor sobre bens de terceiro, será válido neste caso, subentendendo tratar-se de um *encargo* imposto pelo próprio testador ao herdeiro ou legatário. Ademais, não se pode esquecer que o legatário ficará obrigado a cumprir os encargos da doação, desde que em benefício do doador, de terceiro ou do interesse geral.

O não cumprimento do encargo será reputado como renúncia à herança daquele que se recusou a cumpri-lo. É evidente que se somente em parte a coisa legada pertencia ao herdeiro ou legatário, apenas quanto a esta valerá o legado.

Espécies de Legados

Encontram-se dispostas no Código Civil as seguintes espécies de legados:

a. *legado de coisa genérica* – verifica-se o legado de coisa genérica quando o testador indicá-la apenas por sua qualidade e quantidade, devendo ser cumprido o legado ainda que tal coisa não exista entre os bens deixados pelo testador.

Se o legado consistir em coisa determinada pelo gênero, ao herdeiro tocará escolhê-la, guardando o meio-termo entre as congêneres da melhor e pior qualidade. A observância desse preceito deverá ser seguida, ainda que a escolha tenha sido deixada ao arbítrio de terceiro que não o próprio legatário. Se esse terceiro não quiser ou não puder exercer a escolha, ao juiz competirá fazê-la, seguindo esses mesmos parâmetros.

Contudo, se a opção foi deixada ao legatário, este poderá escolher, dentre o gênero determinado, a melhor coisa que houver na herança. Se nela não existir bem de tal gênero, o herdeiro dar-lhe-á outra, escolhendo-a entre o bem de melhor e de pior qualidade, buscando, assim, o meio-termo.

No legado alternativo, presume-se deixada ao herdeiro a opção de escolha. Entretanto, se o herdeiro ou o legatário a quem couber exercer a opção falecer antes de externar sua vontade, passará aos seus herdeiros a opção pela escolha;

b. *legado de coisa singularizada* – se o testador legar coisa sua, singularizando-a, só terá eficácia o legado se, ao tempo do seu falecimento, ela estiver entre os bens da herança. Entretanto, se a coisa legada, embora existente entre os bens do testador, apresentar-se em quantidade inferior à legada, a disposição de última vontade do testador será eficaz somente sobre a quantia existente.

O legado de coisa que deva se encontrar em determinado lugar só terá eficácia se nele for achada, salvo se removida dali a título transitório. O legado de coisa localizada só valerá quanto ao número de bens efetivamente encontrados no local determinado pelo testador.

Se aquele que legar um imóvel lhe ajuntar depois novas aquisições, estas, ainda que contíguas, não se compreenderão no legado, salvo expressa declaração em contrário do testador. Contudo, a mesma regra não se aplica às benfeitorias necessárias, úteis ou voluptuárias feitas no prédio legado, as quais se presumirão inclusas no testamento;

c. *legado de crédito* – essa espécie de legado, como o próprio nome indica, tem por objeto o crédito que o testador, o onerado ou terceiro tem contra outra pessoa. Com o legado, a expectativa do recebimento do crédito é transferida ao legatário. Contudo, não fica assegurada a existência do crédito ou a solvabilidade do devedor.

   Esse legado será sempre cumprido mediante a entrega ao herdeiro ou legatário do título respectivo, e terá eficácia restrita à importância devida ao testador na época de seu falecimento. Essa espécie de legado pressupõe, necessariamente, a existência de um crédito ao qual fazia jus o testador;

d. *legado de quitação de dívida* – trata-se de uma espécie do legado de crédito, por meio da qual o testador quita a dívida da qual o legatário era devedor, seja esta dívida do próprio testador, seja ela do onerado ou de terceiro.

   O legado de *quitação de dívida* será eficaz somente quanto à importância desta e compreenderá unicamente as dívidas havidas até a data do testamento.

   O cumprimento tanto do legado de crédito como do legado de quitação de dívida, verificar-se-á com a entrega ao herdeiro ou legatário do título respectivo;

e. *legado de débito* – poderá ser objeto de legado o débito que o testador, o onerado ou terceiro tinha para com o legatário. Entretanto, se o testador não o declarar expressamente em ato de disposição de última vontade, não se reputará compensação de dívida o legado feito ao credor. Ademais, subsistirá integralmente o legado se a dívida lhe foi posterior e o testador a solveu antes de morrer;

f. *legado de alimentos* – o legado de alimentos abrange o sustento, a cura, o vestuário e a casa, enquanto o legatário viver, além dos valores despendidos com educação, se for menor de idade. Assim como os alimentos no direito de família, o legado de alimentos, no direito das sucessões, é inalienável e impenhorável.

   O legado de alimentos poderá ser estabelecido: por meio de legado de uma quantia certa de dinheiro, que deverá ser distribuída periodicamente, sendo então os alimentos legados *in natura* ou em dinheiro; ou pelo magistrado, considerando o volume da herança e as necessidades do legatário;

g. legado de usufruto – o legado de usufruto tem por objeto a constituição de um direito real, em favor de determinada pessoa. Se o testador, em ato de disposição de última vontade, eximir-se quanto à fixação de tempo, entender-se-á deixado ao legatário o usufruto por toda a sua vida.

A lei veda o usufruto sucessivo, porque o direito de constituí-lo cabe apenas àquele que tiver a propriedade plena da coisa. Assim, o usufrutuário estará inabilitado a legar o direito a outrem e, com o seu falecimento, operar-se-á a desconstituição do direito real anteriormente legado;

h. legado de renda – o testador poderá constituir legado de renda quando destinar ao legatário os valores auferidos sobre determinado bem. Se o legado consistir em renda vitalícia ou pensão periódica, esta ou aquela terá sua vigência a partir da morte do testador;

i. legado de dinheiro – quando se tratar de legado em dinheiro, só vencerão juros a partir do dia em que se constituir em mora a pessoa obrigada a prestá-lo.

j. legado de prestações periódicas – se o legado consistir na entrega de quantia certa, em prestações periódicas, o primeiro período será contado a partir da morte do testador, e o legatário terá direito a cada prestação, com o vencimento a cada um dos períodos sucessivos, ainda que venha a falecer antes do termo do último período. Contudo, sendo periódicas as prestações, só no termo de cada período que poderão ser exigidas.

Se as prestações do legado forem deixadas a título de alimentos, pagar-se-ão no começo de cada período, sempre que de outra forma não houver disposto o testador.

Dos Efeitos do Legado e do seu Pagamento

Ao legatário pertencerá a coisa certa, desde a abertura da sucessão, ou seja, a partir da morte do *de cujus*, salvo se o legado estiver sob condição suspensiva. Contudo, conforme § 1º do art. 1.923,

> *"Não se defere de imediato a posse da coisa, nem nela pode o legatário entrar por autoridade própria",*

exceto se de maneira diversa dispuser o testador.

O legatário não está obrigado a aceitar o legado. O ordenamento jurídico pátrio permite que o legatário renuncie ao legado, mediante expressa declaração unilateral de vontade. Nesse caso, a renúncia ao legado retroagirá ao dia da abertura da sucessão.[71]

O legado de coisa certa existente na herança transfere também ao legatário os frutos que o bem produzir, desde a morte do testador, exceto se dependente de condição suspensiva ou de termo inicial, hipóteses em que a transferência dos frutos contará a partir da ocorrência da condição ou início do termo.

O art. 1.924 estabelece que

> *"O direito de pedir o legado não se exercerá, enquanto se litigue sobre a validade do testamento (...)".*

Em se tratando de legado condicional ou a prazo, o legatário só poderá requerê-lo após o cumprimento da condição ou o vencimento do prazo.

O cumprimento do legado, não havendo disposição testamentária em contrário, caberá ao herdeiro ou legatário incumbido pelo testador da execução do encargo. Quando indicados mais de um, os onerados dividirão entre si o ônus, na proporção do que receberem de herança.

Se algum legado consistir em coisa pertencente a herdeiro ou legatário, só a ele incumbirá cumpri-lo, com regresso contra os coherdeiros, pela quota de cada um, salvo se o contrário expressamente dispôs o testador.

A coisa legada entregar-se-á, com seus acessórios, no lugar e estado em que se achava ao falecer o testador, passando ao legatário com todos os encargos que a onerarem. Outrossim, as despesas e os

---

[71] GOMES, Orlando. *Sucessões*. 11. ed. rev. e atual. por Humberto Theodoro Júnior. 3. tir. Rio de Janeiro: Forense, 2002. p. 178.

riscos da entrega do legado correm por conta do legatário, se não dispuser diversamente o testador.

Da Caducidade dos Legados

O legado *perderá sua eficácia* por força de uma circunstância posterior à sua instituição. Desta forma, conforme verificaremos adiante, ainda que o legado tenha sido validamente instituído, determinadas circunstâncias poderão comprometer o seu cumprimento. Vejamos.

Nos termos do art. 1.939

> *"Caducará o legado:*
>
> *I. se, depois do testamento, o testador modificar a coisa legada, ao ponto de já não ter a forma nem lhe caber a denominação que possuía;*
> *II. se o testador, por qualquer título, alienar no todo ou em parte a coisa legada; nesse caso, caducará até onde ela deixou de pertencer ao testador;*
> *III. se a coisa perecer ou for evicta, vivo ou morto o testador, sem culpa do herdeiro ou legatário incumbido do seu cumprimento;*
> *IV. se o legatário for excluído da sucessão, nos termos do art. 1.815;*
> *V. se o legatário falecer antes do testador.*

Se o legado for de duas ou mais coisas alternativamente e algumas delas perecer, subsistirá quanto às restantes. Se perecer apenas parte de uma das coisas, o legado valerá quanto ao seu remanescente.

25

Do Direito de Acrescer entre Herdeiros e Legatários

O art. 1.941 do novo Código Civil dispõe que

> *"Quando vários herdeiros, pela mesma disposição testamentária, forem conjuntamente chamados à herança em quinhões não determinados, e qualquer deles não puder ou não quiser aceitá-la, a sua parte acrescerá à dos co-herdeiros, salvo o direito do substituto".*

Silvio Rodrigues ensina que *"o direito de acrescer ocorre quando, sendo vários herdeiros testamentários ou legatários, o quinhão de um deles, que não o quer ou não o pode receber, aumenta o dos outros"*.[72]

Aplica-se o direito de acrescer somente quando o testador não houver disposto sobre o *direito de substituição* de um herdeiro ou

---

[72] RODRIGUES, Silvio. *Direito civil* – Direito das sucessões. 22. ed. São Paulo: Saraiva, 1998. p. 164.

legatário por outro, pois em tal hipótese o substituto herdará o quinhão do excluído ou do renunciante.

O art. 1.942 estabelece que

> *"O direito de acrescer competirá aos co-legatários, quando nomeados conjuntamente a respeito de uma só coisa, determinada e certa, ou quando o objeto do legado não puder ser dividido sem risco de desvalorização".*

Para que se configure o direito de acrescer entre os *herdeiros*, mister se faz a concorrência das seguintes condições:

a. que tenham sido nomeados, conjuntamente, em um mesmo testamento;
b. que o testador não tenha determinado os quinhões cabíveis a cada um deles;
c. se qualquer um dos co-herdeiros não puder ou não quiser aceitar a herança;
d. se *não* houver no testamento cláusula de *substituição testamentária.*

Já o direito de acrescer entre os *legatários* verificar-se-á:

a. quando tiverem sido nomeados, conjuntamente, mais de um legatário, a respeito de uma só coisa, determinada ou certa; ou
b. quando o objeto do legado não puder ser dividido sem risco de desvalorização.

Assim, em qualquer das hipóteses acima citadas, haverá a incidência do *direito de acrescer* à quota dos co-herdeiros ou co-legatários se um deles:

a. morrer antes do testador;
b. renunciar a herança ou legado;
c. for excluído da herança; ou
d. se a condição sob a qual foi instituída a herança ou o legado *não* se verificar.

O parágrafo único do art. 1.943 estabelece que

> *"Os co-herdeiros ou co-legatários, aos quais acresceu o quinhão daquele que não quis ou não pôde suceder, ficam sujeitos às obrigações ou encargos que o oneravam".*

Havendo acréscimo, aos beneficiários transmitem-se as vantagens que deveriam caber ao herdeiro ou legatário renunciante, excluído ou falecido antes do testador. Mas transmitem-se também os ônus que acompanhavam as liberalidades, ou seja, os encargos que as oneravam. Se a vários herdeiros impôs-se o ônus de pagar um legado e um deles é excluído da sucessão, acrescendo aos outros o seu direito, a estes transmite-se, também, a obrigação de pagar o legado; se um co-legatário pré-morto ao testador e seu direito acresceu aos demais, a este incumbe cumprir os encargos do legado.[73]

Quando não verificadas as hipóteses para o exercício do direito de acrescer, a quota vaga do herdeiro ou legatário nomeado transmitir-se-á aos *herdeiros legítimos* do testador.

Não existindo o direito de acrescer entre os co-legatários, a quota daquele que faltar acrescerá a do herdeiro ou do legatário incumbido de satisfazer esse legado. Todavia, se o legado se deduziu da herança, a quota será devolvida a todos os herdeiros, na proporção de seus quinhões.

Não pode o beneficiário do acréscimo repudiá-lo separadamente da herança ou legado que lhe caiba, salvo se o acréscimo comportar encargos especiais impostos pelo testador. Nesse caso, uma vez repudiado, reverte o acréscimo para a pessoa a favor de quem os encargos foram instituídos.

O art. 1.946 do Código Civil estabelece que

> *"Legado um só usufruto conjuntamente a duas ou mais pessoas, a parte da que faltar acresce aos co-legatários".*

---

[73] GOMES, Orlando. *Sucessões*. 11. ed. ed. rev. e atual. por Humberto Theodoro Júnior. 3. tir. Rio de Janeiro: Forense, 2002. p. 169.

Tome-se como exemplo o legado de usufruto de uma residência deixado conjuntamente ao casal. Falecendo um dos consortes, a parte que cabia ao falecido acresce à do sobrevivente.

Contudo, se *não houver conjunção* entre os co-legatários, ou se, apesar de conjuntos, só lhes foi legada certa parte do usufruto, consolidar-se-ão na propriedade as quotas dos que faltarem, à medida que forem faltando.

26

Das Substituições

Dá-se o nome de *substituição* ao ato pelo qual o testador determina, em declaração de última vontade, que na falta de herdeiro ou legatário instituído seja chamada, em seu lugar, outra pessoa a suceder. Trata-se, pois, de prerrogativa exclusiva do testador, que poderá instituir, em testamento, herdeiros e legatários em primeiro grau e terceira pessoa para substituí-los.

Conforme ensina Orlando Gomes,[74] *"chama-se substituto o herdeiro suplente que sucede em lugar do herdeiro instituído quando este não possa ou não queira aceitar a herança, nos casos, portanto, de morte, de ausência, de indignidade e de renúncia"*.

Ao contrário do que ocorre na representação, a designação de substituto faz-se em concreto, mediante vontade expressa do testa-

---

[74] GOMES, Orlando. *Sucessões*. 11. ed. rev. e atual. por Humberto Theodoro Júnior. 3. tir. Rio de Janeiro: Forense, 2002. p. 185.

dor em ato de disposição de última vontade. O direito brasileiro reconhece as seguintes formas de substituição:

a. *vulgar e recíproca* – denomina-se vulgar a substituição quando o testador indica outra pessoa para receber a herança ou o legado, caso o herdeiro ou legatário não possa ou não queira fazê-lo;
b. *fideicomissária* – denomina-se substituição fideicomissária aquela por meio da qual o testador impõe a um herdeiro ou legatário a obrigação de transmitir a outrem, com o advento de determinada condição, a herança ou o legado.

Da Substituição Vulgar e da Substituição Recíproca

Já dissemos que o testador tem a prerrogativa de indicar a substituição ao herdeiro ou ao legatário nomeado, no caso de um ou outro não querer ou não poder aceitar a herança ou o legado. Também é lícito ao testador substituir muitas pessoas por uma só, ou vice-versa, e ainda substituir com reciprocidade ou sem ela.

O art. 1.949 estabelece que com a substituição

> *"O substituto fica sujeito à condição ou encargo imposto ao substituído, quando não for diversa a intenção manifestada pelo testador, ou não resultar outra coisa da natureza da condição ou do encargo".*

Silvio Rodrigues[75] apresenta um exemplo clássico de escusa em face do descumprimento de encargo imposto pelo testador. Tratase de hipótese em que o testador tenha incumbido determinado autor de escrever sua biografia, indicando terceira pessoa para substituí-lo

[75] RODRIGUES, Silvio. *Direito civil* – Direito das sucessões. 22. ed. São Paulo: Saraiva, 1998. p. 201.

em caso da não aceitação da herança. Assim, embora haja menção expressa quanto à substituição, o substituído não poderá cumprir o encargo imposto pelo testador, tendo em vista que a obrigação de escrever livro é personalíssima, não se transmitindo ao substituto.

Diz-se *substituição recíproca* quando dois ou mais herdeiros ou legatários são indicados substitutos uns dos outros, em reciprocidade.

Se entre muitos co-herdeiros ou legatários de partes desiguais, for estabelecida *substituição recíproca*, a proporção dos quinhões fixada na primeira disposição entender-se-á mantida na segunda. Assim, supondo-se que o testador tenha legado 1/6 (um sexto) de determinado bem para *A*, 2/6 (dois sextos) para *B* e 3/6 (três sextos) para *C*, estabelecendo a substituição recíproca em caso de não aceitação do legado, se *B* recusá-lo, sua quota-parte (ou seja, 2/6) será acrescida à dos demais nas proporções inicialmente estabelecida pelo testador (1/6 para *A* e 3/6 para *C*, respectivamente).

Por outro lado, caso a substituição preveja a inclusão de outra pessoa para concorrer com as demais anteriormente nomeadas, o quinhão vago pertencerá em partes iguais a todos os substitutos.

Da Substituição Fideicomissária

Como dito no início deste capítulo, a substituição fideicomissária é aquela por meio da qual o testador impõe a um herdeiro ou legatário a obrigação de transmitir a outrem, com o advento de determinada condição, a herança ou o legado.

Pela substituição fideicomissária o testador nomeia um *fiduciário*, que ao tempo da morte do testador receberá a liberalidade. O fiduciário será *proprietário* do bem, tendo o direito de usar, gozar, dispor e reivindicá-lo de quem injustamente o possua. Contudo, o *domínio* da herança ou do legado será restrito e resolúvel, já que com o advento da condição ou do termo, o bem será devolvido ao *fideicomissário*.

Surgem, assim, dois beneficiários sucessivos. O testador deixa seus bens ao fiduciário, que deles se torna senhor, por ocasião da abertura da sucessão. Todavia, restringindo aquele domínio, existe cláusula criando para o fiduciário a obrigação de transmitir, a certo tempo, os mesmos bens ao segundo beneficiário, ou seja, ao fideicomissário.[76]

O *fideicomisso* é, pois, a estipulação testamentária pela qual o testador constitui determinada pessoa herdeira ou legatária (o *fiduciário*), impondo-lhe a obrigação de – com a morte do testador, a certo tempo ou sob determinada condição – transmitir ao *fideicomissário*, também por ele indicado, o legado ou a herança.

A substituição fideicomissária somente se permite em favor dos indivíduos ainda não concebidos ao tempo da morte do testador. Esta é a vantagem do fideicomisso, vez que por meio dele poderá o testador gratificar pessoas ainda sequer concebidas. Contudo, se ao tempo da morte do testador já houver nascido o fideicomissário, adquirirá este a propriedade dos bens fideicometidos, convertendo-se em usufruto o direito do fiduciário.

O fiduciário é obrigado a proceder ao inventário dos bens gravados e a prestar caução de restituí-los, se assim o exigir o fideicomissário. Eis aqui uma restrição ao direito do fiduciário imposta pelo próprio fideicomissário.

Aceitando o fideicomissário a herança ou o legado, terá ele direito sobre a parte que ao fiduciário, a qualquer tempo, acrescer. Todavia, ao sobrevir a sucessão, o fideicomissário responde pelos encargos da herança que ainda restarem.

Da Extinção do Fideicomisso

Extinguir-se-á o fideicomisso nas seguintes hipóteses:

a. *com o advento do termo ou condição* – esta é a forma ordinária de extinção do fideicomisso. Com o advento do termo ou condição sob o qual estava fundado o fideicomisso, os bens fideicometidos passarão do patrimônio do fiduciário para o do fideicomissário;

[76] RODRIGUES, Silvio. *Direito civil* – Direito das sucessões. 22. ed. São Paulo: Saraiva, 1998. p. 201.

b. *quando houver renúncia do fiduciário* – extingue-se o fideicomisso se o fiduciário renunciar a herança ou o legado. Nessa hipótese, salvo disposição em contrário do testador, caberá ao fideicomissário o poder de aceitá-la;
c. *quando houver renúncia do fideicomissário* – se o fideicomissário, no momento da abertura da substituição, renunciar a herança ou o legado, caducará o fideicomisso, deixando de ser resolúvel a propriedade do fiduciário, salvo se houver disposição em contrário no testamento. Nessa hipótese, o fiduciário, que até então tinha a propriedade restrita e resolúvel, passa a ter a propriedade plena do bem deixado pelo testador;
d. *com a caducidade do fideicomisso* – caducará o fideicomisso se o fideicomissário morrer *antes* do fiduciário ou se vier a falecer antes de realizar-se a condição resolutória de seu direito. Nessa hipótese, a propriedade consolidar-se-á no fiduciário, salvo se houver expressa disposição testamentária em contrário.

Dispõe o art. 1.959 do novo Código Civil que

> *"São nulos os fideicomissos além do segundo grau".*

Portanto, ainda que o testamento institua fideicomisso abrangendo mais de dois graus, estarão prejudicados os demais após o primeiro, já que há expressa disposição legal vedando fideicomissos sucessivos. O fideicomissário beneficiado pelo primeiro poderá pleitear que se declarem nulos os demais.

A nulidade da substituição ilegal não prejudica a instituição, que valerá sem o encargo resolutório. Versando sobre este assunto esclarece a ilustre Professora Maria Helena Diniz:[77] *"nula será a disposição testamentária em que o fideicomitente (testador) determinar que o fideicomissário entregue a terceiro os bens que recebeu do fiduciário, mas prevalecerá a deixa instituída em benefício do fiduciário, que, então, terá a propriedade plena e livre da coisa fideicometida, sem qualquer encargo resolutório".*

---

[77] DINIZ, Maria Helena. *Curso de direito civil brasileiro* – Direito das sucessões. 11. ed. São Paulo: Saraiva, 1997. v. 6. p. 263.

27

Da Deserdação

Deserdação é o ato pelo qual o testador, em ato de declaração de última vontade, embasando-se em uma das hipóteses previstas pelo ordenamento jurídico, exclui de sua sucessão herdeiro necessário, que ficará privado de sua legítima por ter praticado algum dos atos previstos nos arts. 1.962 e 1.963 do novo Código Civil.

Nem sempre as disposições de vontade do testador são realizadas com o fim de beneficiar alguém. Em casos excepcionais, expressamente constantes na lei, é facultado ao testador deserdar herdeiro necessário, culminando para este um efeito negativo, já que ficará privado da legítima. Com a deserdação, o testador estará beneficiando, de maneira indireta, os demais herdeiros.

Contudo, para que o testador prive o *herdeiro necessário* da legítima, afastando-o da sucessão, é preciso que o faça por intermédio de declaração expressa contida em testamento, justificada nas causas legais de deserdação. Não havendo expressa menção sobre a causa motivadora da própria deserdação, o herdeiro necessário terá assegurado seu direito sobre a legítima, ainda que tenha praticado qualquer dos atos vedados por lei.

A deserdação serve exclusivamente para afastar da sucessão o herdeiro legítimo, pois caso o testador tivesse intenção de excluir outros herdeiros que não os necessários, bastaria lavrar testamento não os contemplando.

Hipóteses de Deserdação

Inicialmente, cumpre salientar que os herdeiros necessários poderão ser privados de sua quota-parte da legítima ou ser deserdados naqueles casos que constam no art. 1.814, incisos I, II e III, em que são excluídos da sucessão os herdeiros ou legatários:

> *"I. que houverem sido autores, co-autores ou partícipes de homicídio doloso, ou tentativa deste, contra a pessoa de cuja sucessão se tratar, seu cônjuge, companheiro, ascendente ou descendente;*
>
> *II. que houverem acusado caluniosamente, em juízo, o autor da herança, ou incorrerem em crime contra a sua honra, ou de seu cônjuge ou companheiro;*
>
> *III. que, por violência ou meios fraudulentos, inibirem ou obstarem o autor da herança de dispor livremente de seus bens por ato de última vontade".*

O legislador pátrio autoriza a deserdação de descendente por ascendente ou de ascendente por descendente. Quando se tratar de deserdação de *descendente* por *ascendente*, além das hipóteses acima mencionadas, a lei dispõe sobre outras, tais como: ofensa física; injúria grave; relações ilícitas com a madrasta ou o padrasto; desamparo do ascendente em alienação mental ou grave enfermidade.

Já em se tratando de deserdação de ascendente por descendente, além das hipóteses inicialmente mencionadas, incidirão outras:

ofensa física; injúria grave; relações ilícitas com a mulher ou companheira do filho ou do neto, ou com o marido ou companheiro da filha ou da neta; desamparo do filho ou neto com deficiência mental ou grave enfermidade.

Formalidades Legais para o Reconhecimento da Deserdação

A deserdação deverá ser declarada por *sentença*. Assim, falecendo o testador e aberto o inventário, imprescindível se faz que o herdeiro instituído ou aquele a quem aproveite a deserdação prove a veracidade da causa alegada pelo testador, o que deverá ser feito em juízo, por intermédio de ação ordinária facultando às partes o amplo contraditório.

O ônus de provar a veracidade da causa ensejadora da deserdação incumbe ao herdeiro instituído ou àquele a quem aproveite a deserdação.

A sentença que reconhecer a validade da deserdação só alcança a pessoa do deserdado. Neste caso, como no caso de indignidade, trata-se de pena aplicada a alguém que procedeu com desamor para com o autor da herança. Como pena que é, não pode passar da pessoa do delinqüente. De modo que, embora o deserdado fique privado de sua legítima e de tudo o que lhe negar o testador, seus sucessores o representam, na sucessão de que foi afastado, como se ele morto fosse. Apenas não caberá ao deserdado o usufruto sobre os bens assim recebidos por seus filhos menores, pois nesse caso iria se beneficiar, indiretamente, com aquilo que o testador, diretamente, lhe recusou.[78]

O direito de provar a causa ensejadora da deserdação extingue-se em 4 (quatro) anos, a contar da data da abertura do testamento.

---

[78] RODRIGUES, Silvio. *Direito civil* – Direito das sucessões. 22. ed. São Paulo: Saraiva, 1998. p. 217.

Se nesse período não for proposta a ação, caducará o direito dos herdeiros instituídos ou daquele a quem aproveitaria a deserdação, consolidando-se, pois, a sucessão legítima do herdeiro necessário.

Por fim, não podemos deixar de mencionar que somente valerá a deserdação quando o testamento que ela contiver for válido e eficaz.

28

Dos Bens Sonegados

Sonegar, no sentido estrito da palavra, significa *"deixar de mencionar ou relacionar, com intuito fraudulento, em qualquer ato em que a lei o exige ou perante um terceiro"*.[79] No direito das sucessões, qualificam-se como *bens sonegados* aqueles que o herdeiro ou o inventariante, *dolosamente*, ocultou do espólio, com o intuito de excluí-los da partilha.

Por esse motivo, o infrator sofrerá sanções determinadas pelo ordenamento jurídico pátrio, perdendo o direito que sobre eles lhe cabia. Para que seja caracterizada a sonegação, mister se faz a prática *dolosa* de um dos atos abaixo descritos:

a. *ocultação intencional de bens* – ocorrerá sonegação quando o inventariante, que estava obrigado a declarar os bens do falecido, assim não procedeu;

---

[79] MICHAELIS. *Moderno dicionário da língua portuguesa*. São Paulo: Melhoramentos, 1998, p. 1.970.

b. *omissão na descrição dos bens da herança* – ocorrerá sonegação quando forem omitidos bens da herança que estiverem em poder do herdeiro ou do inventariante, ou mesmo estando em poder de terceiro, e sobre este fato tinha ciência o herdeiro ou o inventariante, e ainda assim não os descreveu no inventário;
c. *omissão na colação* – ocorrerá sonegação quando houver omissão dos bens na colação a que o herdeiro ou inventariante deveria levá-los;
d. *recusa quanto à restituição dos bens da herança* – ocorrerá a sonegação quando o herdeiro recusar-se a restituir bens da herança que deveriam ser inventariados.

Conforme se vê, estes são mecanismos que o legislador pátrio estabeleceu para garantir aos herdeiros a integridade de seus direitos sucessórios. Porém, para que se considere sonegado o bem pelo herdeiro ou pelo inventariante, mister se faz que suas intenções tenham sido dolosas, com o propósito de prejudicar ou fraudar a partilha.

Das Penalidades da Sonegação e do Momento para Argüi-la

Ao *herdeiro* sonegador será aplicada sanção civil: perderá o direito sobre os bens sonegados que lhe caberiam com a partilha. Ademais, se não puderem ser restituídos os bens sonegados, por não os ter em seu poder o sonegador, pagará ele a importância dos valores que ocultou, acrescida de perdas e danos. Se o sonegador for o próprio *inventariante*, além das sanções acima descritas, será removido do cargo de inventariança.

A sonegação do *inventariante* só poderá ser argüida depois de encerrada a descrição dos bens (*Últimas Declarações*) com a expressa afirmativa, por ele feita, de não existirem outros bens a inventariar. Quanto ao *herdeiro*, a sonegação só poderá ser argüida depois que este, taxativamente, declarar nos autos do inventário que não possui o bem reclamado.

A observância desses preceitos é imprescindível, pois a sonegação é a omissão *dolosa* de bens do espólio, praticada pelos herdeiros ou pelo inventariante, com o fim de desviá-los da partilha.

Da Ação de Sonegados e da Legitimidade para Requerê-la

A pena de sonegados só pode ser requerida e imposta em ação movida pelos próprios *herdeiros* ou pelos *credores* da herança. Portanto, a legitimidade ativa para promover a ação de sonegados é exclusiva dos herdeiros ou dos credores da herança, pois, evidentemente, serão eles os prejudicados com a atitude dolosa do agente.

A penalidade imposta em sentença proferida em ação de sonegados é *personalíssima*. Assim, se o sonegador vier a falecer no curso da ação de sonegados, seus herdeiros não serão penalizados, mas verificada a existência de bem que tenham sido ocultados, far-se-á a sobrepartilha.

A sentença proferida em ação de sonegados movida por qualquer dos herdeiros ou credores aproveita aos demais interessados. Sendo assim, uma vez devolvido ao monte o bem sonegado, será este dividido entre os demais herdeiros, perdendo o sonegador seu direito sobre eles.

29

Da Colação

Colação é o ato pelo qual os herdeiros, no curso do inventário dos bens deixados pelo falecimento do *de cujus*, conferem o valor das *doações* que deste em vida receberam, para o fim de igualar as *legítimas*. Trata-se do cumprimento de um dever legal, cuja não observância acarretará ao herdeiro infrator as penas da sonegação, salvo se o contrário determinar o doador, em testamento ou no próprio título da liberalidade.

A colação é, pois, uma obrigação dos descendentes que concorrem à sucessão de ascendente comum, cujo intuito é igualar as *legítimas* dos herdeiros necessários. Isso porque, de acordo com o art. 544 do novo Código Civil,

> *"A doação de ascendentes a descendentes, ou de um cônjuge a outro, importa adiantamento do que lhes cabe por herança".*

Isso não importa dizer que o herdeiro perderá o bem que lhe foi doado pelo autor da herança, vez que a liberalidade já foi feita e constitui negócio jurídico perfeito. O que busca o legislador é tão-somente *igualar* as legítimas de todos os herdeiros necessários, para que uns não se beneficiem, em detrimento de outros, do ato de liberalidade praticado, em vida, pelo falecido.

Sendo assim, a colação buscará igualar as legítimas dos descendentes e do cônjuge sobrevivente, obrigando também os donatários que, ao tempo do falecimento do doador, já não mais possuírem os bens doados. Frise-se, entretanto, que para *cálculo da legítima*, o valor dos bens conferidos em vida ao herdeiro será computado na parte *indisponível*, sem aumentar a *disponível*.

Se computados os valores das doações feitas em adiantamento da legítima, não houver no acervo do falecido bens suficientes para igualar as legítimas dos demais descendentes e do cônjuge, os bens doados serão conferidos em espécie ou, quando deles já não disponha o donatário, pelo seu valor ao tempo da liberalidade.

Do Valor dos Bens na Colação

O art. 2.004 e seu § 1º estabelecem que

> *"O valor de colação dos bens doados será aquele, certo ou estimativo, que lhes atribuir o ato de liberalidade.*
>
> *§ 1º – Se do ato de doação não constar valor certo, nem houver estimação feita naquela época, os bens serão conferidos na partilha pelo que então se calcular valessem ao tempo da liberalidade.*

Faz-se imperioso ressaltar que o valor do bem será aquele do momento da doação e não da abertura da sucessão.

Ademais, entrará na colação tão-somente o valor dos bens doados, excluindo-se as benfeitorias acrescidas, as quais pertencerão com exclusividade ao herdeiro donatário. Pertencerão igualmente ao donatário os rendimentos ou lucros que retirar do bem doado, respondendo pelos danos e perdas que, eventualmente, venham a sofrer.

Da Dispensa da Colação

Serão dispensadas da colação as doações que saiam da parte disponível, contanto que não a excedam, computado o seu valor ao tempo da doação. Presume-se imputada na parte *disponível* a liberalidade feita a descendente que, ao tempo do ato, não seria chamado à sucessão na qualidade de herdeiro necessário.

Será igualmente dispensada a colação dos bens quando expressamente outorgada pelo doador em testamento, ou no próprio título de liberalidade. Assim, se o autor da herança, em vida, houver doado determinado bem imóvel para um de seus herdeiros e na escritura pública conste, de maneira expressa, a dispensa da colação, não estará este herdeiro obrigado a colacioná-lo no curso do inventário.

Dos Obrigados a Colacionar

Estarão obrigados a colacionar bens recebidos em vida os *descendentes* do falecido, seja por *direito próprio* (quando os herdeiros forem diretamente chamados à sucessão), seja por *direito de representação* (quando os netos forem chamados a representar o pai pré-morto no inventário do avô).

Quando os netos, representando seus pais, sucederem aos avós, serão obrigados a trazer à colação o que os pais teriam de conferir, ainda que não tenham herdado esses mesmos bens pela morte de seu pai. Supondo-se que o avô doou ao pai um bem imóvel e este alienou-o em vida, de modo que, no momento de sua morte, seu filho (neto do avô) não recebeu este bem, pela regra do art. 2.009 do novo Código

Civil, o neto será obrigado a trazer à colação o bem, pois assim estaria obrigado seu pai, se vivo estivesse.

Mesmo nos casos de *renúncia* ou *exclusão* da herança por indignidade, estarão obrigados os descendentes a trazerem à colação os bens recebidos. Nesse sentido, consta expressa disposição legal no novo Código Civil, art. 2.008

> *"Aquele que renunciou a herança ou dela foi excluído, deve, não obstante, conferir as doações recebidas, para o fim de repor o que exceder o disponível."*

Da Redução das Doações

Estarão sujeitas à *redução* as doações em que se apurar excesso quanto ao que o doador poderia dispor, no momento da liberalidade. Já dissemos que o doador, havendo herdeiros necessários, não poderá dispor da metade dos bens da herança, que constitui a *legítima*.

Ademais, vimos que a *legítima* é calculada sobre o valor dos bens do falecido existentes no momento da abertura da sucessão, abatidas as dívidas e as despesas do funeral e adicionando-se, em seguida, o valor dos bens sujeitos à colação.

A *redução* é, pois, o ato pelo qual estarão sujeitas as doações quando se verificar excesso na liberalidade do doador. Este *excesso* será apurado com base no valor que os bens doados tinham no momento da liberalidade.

Desse modo, constatado excesso na doação, deverá o donatário restituir ao monte partilhável a diferença apurada. A *restituição* far-se-á em *espécie* ou, se o bem não estiver mais em poder do donatário, em *dinheiro*, segundo o valor do bem ao tempo da abertura da sucessão.

Pelo exposto, estará sujeita à redução a parte da doação feita a herdeiro necessário que exceder a legítima, acrescida de sua quota disponível. Assim, se o herdeiro houver recebido em doação um bem que valia R$ 100,00 e, na época da abertura da sucessão verificou-se que a legítima deste herdeiro acrescida da sua quota disponível nos demais bens deixados pelo *de cujus* alcançou a cifra de R$ 85,00, deverá o herdeiro devolver R$ 15,00 para o monte partilhável.

Se várias forem as doações a herdeiros necessários, feitas em diferentes datas, serão elas reduzidas a partir da última, até a eliminação do excesso.

Estarão obrigados à redução todos os herdeiros necessários do falecido, incluindo-se aqueles que eventualmente tiverem renunciado à herança ou dela tenham sido excluídos por indignidade.

Dos Bens Excluídos da Colação

Não estarão sujeitos à colação:

a. *despesas ordinárias com o descendente* – estarão excluídos da colação os gastos ordinários do ascendente com o descendente, enquanto menor, quando destinados à sua educação, estudos, sustento, vestuário e/ou tratamento médico hospitalar.

   Estarão igualmente excluídos da colação os bens ou valores empregados pelo ascendente com a aquisição de enxoval para o descendente, as despesas de seu casamento ou eventuais valores gastos na defesa dos interesses do descendente em processo-crime;

b. *doações remuneratórias* – estarão excluídas da colação as doações por serviços prestados pelo descendente ao ascendente.

   Nesse sentido, leciona Silvio Rodrigues[80] que *"tais doações, em rigor, não são liberalidades, mas contraprestação, fornecida pelo doador, em paga de favores recebidos do donatário. Se o filho maior, vivendo às expensas do pai, compensa os favores recebidos com uma assistência cotidiana, amparando-o em sua velhice, socorrendo-o em*

[80] RODRIGUES, Silvio. *Direito civil* – Direito das sucessões. 22. ed. São Paulo: Saraiva, 1998. p. 262.

suas enfermidades, acompanhando-o em seus inseguros passos, um favor se compensa com o outro e se pode entender que os alimentos recebidos apenas retribuem os serviços prestados";

c. *frutos e rendimentos de bens doados* – serão excluídos da colação os frutos e rendimentos dos bens doados, assim como as benfeitorias acrescidas, que pertencerão com exclusividade ao herdeiro donatário. Ademais, arcará o herdeiro com perdas e danos que eventualmente advenham do bem recebido.

Entrará na colação tão-somente o valor dos bens doados, excluindo-se as benfeitorias acrescidas, as quais pertencerão ao herdeiro donatário. Pertencerão também ao donatário os rendimentos ou lucros que retirar do bem doado, arcando com os danos e perdas que eventualmente venha a sofrer.

Por fim, sendo feita a doação por ambos os cônjuges, no inventário de cada um se conferirá por metade.

30

Do Inventário e dos Encargos da Herança

Dá-se o nome de *inventário* ao procedimento judicial – de jurisdição contenciosa – por meio do qual são descritos e avaliados os bens do *de cujus* para, após o pagamento das dívidas, efetuar-se a partilha aos herdeiros. A finalidade do inventário é, pois, descrever os bens da herança e avaliá-los, se for o caso; verificar a existência de sucessores; pagar eventuais dívidas; e, por fim, proceder à *partilha*.

Da Abertura do Inventário

O inventário deve ser requerido, no prazo de 30 (trinta) dias, a contar do falecimento do *de cujus*, ou seja, no momento da abertura da sucessão, sendo competente o foro do último domicílio do falecido.

A observância do prazo para requerimento da abertura do inventário é importante, pois em alguns Estados atribui-se uma sanção àqueles que não o requerem em determinado interregno temporal. No Estado de São Paulo, por exemplo, a atual legislação em vigor (Lei 10.705, de 28 de dezembro de 2000), ao versar sobre o recolhimento do imposto *causa mortis*, dispõe no art. 21:

> *O descumprimento das obrigações principal e acessórias, instituídas pela legislação do Imposto sobre Transmissão* Causa Mortis *e Doação de Quaisquer Bens ou Direitos – ITCMD, fica sujeito às seguintes penalidades:*
>
> *I. no inventário e arrolamento que não for requerido dentro do prazo de 60 (sessenta) dias da abertura da sucessão, o imposto será calculado com acréscimo de multa equivalente a 10% (dez por cento) do valor do imposto; se o atraso exceder a 180 (cento e oitenta) dias, a multa será de 20% (vinte por cento)".*

A abertura do inventário dar-se-á por meio de requerimento formulado ao magistrado por quem estiver na posse e administração da herança, acompanhado de cópia da certidão de óbito do falecido. A legitimidade para requerer a abertura do inventário não é exclusiva, mas sim concorrente. Assim, serão partes legítimas para requerê-lo: o cônjuge supérstite; o herdeiro; o legatário; o testamenteiro; o cessionário do herdeiro ou legatário; o credor do herdeiro, do legatário ou do autor da herança; o síndico da falência do herdeiro, do legatário, do autor da herança ou do cônjuge supérstite; o Ministério Público, se houver herdeiros incapazes; a Fazenda Pública, quando tiver interesse; ou o próprio magistrado, *ex officio*, se nenhuma das pessoas acima elencadas não o requerer no prazo legal.

Da Nomeação de Inventariante e do Desempenho de suas Funções

Durante todo o curso do processo judicial, o *espólio* será representado pelo *inventariante*, ou seja, a pessoa designada pelo magistrado para *administrar* o patrimônio do falecido, desde a assinatura do compromisso até a homologação da partilha.

Para exercícios da inventariança, nomeará o juiz uma das pessoas aptas descritas no art. 991 do Código de Processo Civil brasileiro, a saber:

a. o cônjuge sobrevivente casado sob o regime da comunhão de bens, desde que na época do falecimento do *de cujus* com ele estivesse convivendo;
b. o herdeiro que se achar na posse e administração do espólio, se não houver cônjuge supérstite ou se este não puder ser nomeado;
c. qualquer herdeiro, se nenhum estiver na posse e administração dos bens do espólio;
d. o testamenteiro, se lhe foi confiada a administração do espólio ou toda a herança estiver distribuída em legados;
e. o inventariante judicial, se houver;
f. pessoa estranha idônea, onde não houver inventariante judicial.

Cumpre frisar, entretanto, que o inventariante exerce a função de simples administrador do espólio, não podendo alienar quaisquer bens da herança sem a autorização do magistrado e o consentimento dos demais herdeiros.

Caberá ao inventariante, independentemente da anuência dos sucessores do *de cujus*:

a. representar o espólio, passiva e ativamente, em juízo ou fora dele. Contudo, se o inventariante for *dativo*, todos os herdeiros e sucessores do falecido serão autores ou réus nas ações em que o espólio for parte;
b. administrar o espólio, velando-lhe os bens com a mesma diligência como se seus fossem;
c. prestar as primeiras e últimas declarações, pessoalmente ou por procurador com poderes especiais;
d. exibir em Cartório, a qualquer tempo, para exame das partes, os documentos relativos ao espólio;

a. juntar aos autos certidão de testamento, se houver;
b. trazer à colação os bens recebidos pelo herdeiro ausente, renunciante ou excluído da sucessão;
c. prestar contas de sua gestão, ao deixar o cargo, ou sempre que o juiz lhe determinar;
d. requerer a declaração de insolvência.

Por outro lado, caberá ao inventariante, com a oitiva dos interessados e com autorização do magistrado: alienar bens de qualquer espécie; transigir em juízo ou fora dele; pagar dívidas do espólio; e/ou fazer as despesas necessárias com a conservação e o melhoramento dos bens do espólio.

Das Primeiras Declarações

Denomina-se *primeiras declarações* o ato pelo qual o inventariante traz a juízo a descrição pormenorizada do falecido, de seus sucessores e eventual cônjuge sobrevivente, de seus bens e de suas dívidas, bem como as demais informações que forem necessárias ao processo judicial.

O termo circunstanciado das primeiras declarações conterá:

a. a qualificação completa do falecido, informando se deixou testamento;
b. a qualificação completa de cada um dos herdeiros e do cônjuge supérstite, se houver, com a indicação do regime de bens pelo qual foi casado com o falecido; e
c. a relação completa e individualizada de todos os bens do espólio.

O inventariante é responsável pela diligente condução do inventário. Assim, deverá cumprir as formalidades legais, sob pena de remoção do cargo. Entre as causas que justificam a remoção do inventariante, podemos citar a de não prestar, no prazo legal, as primeiras e últimas declarações; a de não dar ao inventário andamento regular, suscitando dúvidas ou praticando atos meramente protelatórios; a de sonegar, ocultar ou desviar bens do espólio etc.

Do Arrolamento de Bens

Denomina-se *arrolamento* a partilha amigável de bens deixados pelo falecimento do *de cujus*, quando celebrada entre partes capazes e homologada pelo magistrado, mediante a comprovação do pagamento de todos os tributos relativos aos bens do espólio e às suas rendas.

As disposições sobre o arrolamento de bens encontram-se nos arts. 1.031 e seguintes do Código de Processo Civil brasileiro.

Do Pagamento das Dívidas da Herança

A herança responde pelo pagamento das dívidas do falecido, mas, após a efetivação da partilha, só respondem os herdeiros, cada qual em proporção à parte que na herança lhe coube.

Inicialmente, cumpre-nos distinguir duas situações diversas: a primeira é a responsabilidade da herança pelas dívidas do *de cujus*; e a segunda, a responsabilidade dos herdeiros pelos encargos da sucessão.

Por esse motivo, eventuais *credores do espólio* deverão promover a cobrança no próprio processo de inventário, instruindo o requerimento com documentos comprobatórios de seus créditos, sob pena de, após ultimada a partilha, poderem exigir dos herdeiros apenas valores proporcionais ao *quantum* que cada qual tiver auferido na sucessão.

O requerimento para pagamento das dívidas do *de cujus* deverá ser formalizado nos autos do inventário, por meio de petição do credor instruída com o documento comprobatório de seu crédito. Uma vez solicitada, será aberta vista aos interessados, que se manifestarão sobre o pagamento ou não da dívida.

Se houver *impugnação* de algum dos sucessores, e desde que a impugnação não se funde na alegação de pagamento já efetuado, o juiz mandará *reservar*, em poder do inventariante, bens suficientes para a solução do débito, sobre os quais virá recair oportunamente a execução.

Nessa hipótese, o credor deverá recorrer às vias ordinárias para iniciar a *ação de cobrança*, providência esta que deverá ser tomada no prazo de 30 (trinta) dias, sob pena de tornar sem nenhum efeito a providência indicada, qual seja a *reserva* de bens da herança para pagamento das dívidas do *de cujus*.

Dispõe o art. 1.998 do novo Código Civil que

> *"As despesas funerárias, haja ou não herdeiros legítimos, sairão do monte da herança; mas as de sufrágios por alma do falecido só obrigarão a herança quando ordenadas em testamento ou codicilo".*

Por despesas funerárias e sufrágio pela alma do falecido entendem-se: as despesas com o funeral; os gastos com médicos, medicamentos e hospital, relativos à enfermidade da qual faleceu o autor da herança; os gastos com aquisição de terreno em cemitério etc. É importante discriminar tais despesas no inventário, pois além de serem descontadas do monte da herança, sobre elas *não* incidirá o imposto *causa mortis*.

Da Responsabilidade dos Herdeiros pelas Dívidas da Herança

Já dissemos que a responsabilidade da herança pelas dívidas do falecido limita-se às suas forças. Orlando Gomes[81] ensina que *"conquanto se confundam o patrimônio do de cujus com o dos herdeiros, não respondem estes pelos encargos da sucessão; se o passivo do acervo hereditário for superior ao*

[81] RODRIGUES, Silvio. *Direito civil* – Direito das sucessões. 22. ed. São Paulo: Saraiva, 1998. p. 274.

ativo, forma-se o concurso de credores, regendo-se as preferências e privilégios pelas regras próprias", em conformidade com os arts. 955 e seguintes do novo Código Civil.

Por esse motivo, os legatários e os credores da herança podem exigir que do patrimônio do falecido seja discriminado o do herdeiro, para que, em concurso com eventuais credores dos próprios herdeiros, possam os credores da herança exercer a preferência no pagamento das dívidas.

Sempre que houver ação regressiva de uns herdeiros contra outros, a parte do co-herdeiro insolvente dividir-se-á em proporção entre os demais.

Por fim (art. 2.001 do Código Civil),

> *"Se o herdeiro for devedor ao espólio, sua dívida será partilhada igualmente entre todos, salvo se a maioria consentir que o débito seja imputado inteiramente no quinhão do devedor".*

31

Da Partilha

Denomina-se *partilha*, no direito sucessório, a divisão dos bens deixados pelo autor da herança, por meio da qual *cada* herdeiro legítimo ou testamentário adjudica a quota-parte que lhe pertencer pelo direito sucessório. O efeito principal da partilha é declarar cada herdeiro sucessor único dos bens que lhe couberam, assim considerado desde a abertura da sucessão.[82]

Quando começamos a estudar o direito das sucessões vimos que, com a morte do *de cujus*, a herança transmite-se desde logo aos seus herdeiros legítimos e testamentários. Contudo, a herança é uma *universalidade de bens* que permanece indivisível até ultimação da *partilha*. Sendo assim, todos os sucessores a título universal tornam-se co-titulares de direitos e obrigações do patrimônio do falecido, constituindo, pois, uma *comunhão hereditária*.[83]

---

[82] GOMES. Orlando. *Sucessões*. 11. ed. rev. e atual. por Humberto Theodoro Júnior. 3. tir. Rio de Janeiro: Forense, 2002. p. 293.

[83] *Ibidem*, p. 285.

Tendo em vista que o *estado de indivisão* dos bens é temporário, permanecendo apenas enquanto se processam os atos judiciais que possibilitarão a partilha, o interessado poderá requerê-la ao magistrado, após o cumprimento de certas formalidades legais.

Terão legitimidade para requerer a partilha os *herdeiros*, seus *cessionários* e seus eventuais *credores*. O direito do herdeiro em requerê-la é *irrenunciável*, não sendo válidas eventuais proibições nesse sentido impostas pelo testador.

O art. 2.014 estabelece que se por um lado é defeso ao testador proibir a partilha dos bens, por outro ser-lhe-á facultado *indicar quais* bens e *que*

> *"valores que devem compor os quinhões hereditários, deliberando ele próprio a partilha, que prevalecerá, salvo se o valor dos bens não corresponder às quotas estabelecidas".*

Das Modalidades de Partilha

O ordenamento jurídico pátrio permite que a partilha seja *judicial* ou *amigável*, desde que observados os requisitos legais exigíveis para cada uma:

a. *partilha amigável* – poderá ser amigável a partilha se os herdeiros forem capazes. Será feita por escritura pública, nos autos do próprio inventário ou por escrito particular, homologado pelo magistrado. O Código de Processo Civil, em seu art. 982, dispõe que

> *"Proceder-se-á ao inventário judicial, ainda que todas as partes sejam capazes".*

Portanto, embora a lei faculte às partes a partilha amigável, será imprescindível sua homologação judicial, após a comprovação de quitação de todos os tributos incidentes sobre os bens do espólio e sobre suas rendas;

b. *partilha judicial* – também conhecida pelo nome de *partilha litigiosa*, ocorrerá sempre que houver herdeiros *incapazes*, para que o Ministério Público e o magistrado possam fiscalizar os atos dos herdeiros. Será também judicial a partilha se os herdeiros divergirem sobre os bens ou os quinhões hereditários a serem partilhados. Ao partilhar os bens deixados pelo falecimento do *de cujus*, deve-se observar a maior igualdade possível entre todos os quinhões hereditários, de modo que cada um dos herdeiros adjudique bens equivalentes quanto o valor, natureza e qualidade;
c. *partilha por ato entre vivos* – o novo Código Civil, em seu art. 2.018, dispõe que

> *"É válida a partilha feita por ascendente, por ato entre vivos ou de última vontade, contanto que não prejudique a legítima dos herdeiros necessários".*

Sobre a partilha por ato entre vivos, com grande propriedade ensina Orlando Gomes:[84] *"pode a partilha assumir feição especial se o pai, usando de faculdade legal, resolve fazê-la por ato entre vivos ou de última vontade, respeitando a legítima dos filhos. Se feita por ato de última vontade, isto é, um testamento, prevalece a sua deliberação, não tendo cabimento a partilha amigável, nem a judicial. Na outra hipótese, os bens são divididos em vida pelo doador. Havendo um só herdeiro, inexiste, obviamente, a partilha, mas simples adjudicação da herança, homologada por sentença".*

Do Litígio sobre a Divisão dos Bens da Herança

Dissemos que, ao partilhar os bens da herança, observar-se-á a maior igualdade possível entre todos os herdeiros. Contudo, ainda assim, pode

[84] GOMES. Orlando. *Sucessões*. 11. ed. rev. e atual. por Humberto Theodoro Júnior. 3. tir. Rio de Janeiro: Forense, 2002. p 288.

ocorrer que existam bens insuscetíveis de divisão cômoda, que não caibam na meação do cônjuge sobrevivente ou no quinhão de um só herdeiro. Para esses bens, o legislador determina sejam vendidos judicialmente, partilhando-se o valor apurado pelo número de herdeiros, salvo se entre eles houver acordo para que o bem seja adjudicado a todos.

O art. 2.019, § 1º, estabelece que

> *"Não se fará a venda judicial se o cônjuge sobrevivente ou um ou mais herdeiros requererem lhes seja adjudicado o bem, repondo aos outros, em dinheiro, a diferença, após avaliação atualizada".*

Ainda assim, se a adjudicação for requerida por mais de um herdeiro, observar-se-á entre eles o processo de *licitação.*

Dos Frutos da Herança

Sabendo-se que o domínio da herança transmite-se desde logo aos herdeiros legítimos e testamentários, serão eles os responsáveis pela administração dos bens do falecido que sob sua posse estiverem até a ultimação da partilha.

Contudo, entre a abertura da sucessão e a ultimação da partilha, tanto o inventariante quanto os herdeiros serão meros administradores do todo, de modo que as rendas e os frutos obtidos com o patrimônio do *de cujus* deverão ser partilhados ao final.

Sendo assim, os herdeiros que estiverem na posse dos bens da herança, o cônjuge sobrevivente e o inventariante, serão obrigados a trazer ao acervo os frutos que perceberam, desde a abertura da sucessão.

Entretanto, terão direito ao reembolso das despesas necessárias e úteis que fizeram, mas responderão pelos danos a que, por dolo ou culpa, deram causa.

Da Sobrepartilha

Embora o Código de Processo Civil brasileiro disponha, em seu art. 983, que

> *"O inventário e a partilha devem ser requeridos dentro de 30 (trinta) dias a contar da abertura da sucessão, ultimando-se nos 6 (seis) subseqüentes",*

são raríssimos os casos em se verifica o término da ação em tão exíguo prazo.

Por esse motivo, o legislador dispôs no art. 2.021 que

> *"Quando parte da herança consistir em bens remotos do lugar do inventário, litigiosos, ou de liquidação morosa ou difícil, poderá proceder-se, no prazo legal, à partilha dos outros, reservando-se aqueles para uma ou mais sobrepartilhas, sob a guarda e a administração do mesmo ou diverso inventariante, e consentimento da maioria dos herdeiros".*

Vê-se, pois, que é facultada a partilha da parte líquida da herança, sobrestando-se a partilha da parte ilíquida, no que se refere aos bens litigiosos ou de liquidação morosa. Para estes a lei faculta a sobrepartilha.

Estarão também sujeitos à sobrepartilha os bens sonegados e quaisquer outros sobre os quais somente se tiver ciência após a ultimação da partilha.

Da Garantia dos Quinhões Hereditários

Logo no início deste capítulo afirmamos que o principal efeito da partilha é declarar cada herdeiro sucessor único dos bens que lhe couberam na herança por força do falecimento do *de cujus*. Assim, julgada a partilha, restará adstrito o direito de cada um dos herdeiros sobre os bens do seu quinhão.

Com a partilha presume-se que os herdeiros foram contemplados com bens equivalentes, de modo que nenhum deles poderá ser prejudicado por fatos alheios que tenham afetado diretamente sua quota-parte. Assim, disciplina o ordenamento jurídico, no art. 2.024, que

> *"Os co-herdeiros são reciprocamente obrigados a indenizar-se no caso de evicção dos bens aquinhoados".*

Muito embora determine que serão co-responsáveis os herdeiros contemplados na herança, o art. 2.025 do novo Código Civil indica as causas extintivas desta obrigação mútua, quais sejam:

a. convenção entre os herdeiros – poderão os herdeiros convencionar que não serão reciprocamente responsabilizados pelos riscos da evicção dos bens a cada um adjudicado;
b. culpa do evicto – não serão responsabilizados todos os herdeiros se provarem que a evicção só ocorreu por culpa do evicto;
c. fato posterior à partilha – não havendo a extinção acima prevista, na ocorrência de uma dessas hipóteses, o evicto será indenizado pelos co-herdeiros na proporção de suas quotas hereditárias, ou seja, cada qual pagará proporcionalmente ao que houver auferido na partilha. Se acaso algum dos herdeiros se achar insolvente, responderão os demais, na proporção de seus quinhões, pela parte do insolvente, menos a quota que corresponderia ao indenizado.

Da Anulação da Partilha

O Código Civil revogado tratava da matéria de *anulação* e *nulidade* da partilha em um mesmo artigo, o que, durante longos anos, trouxe sérias controvérsias nos Tribunais. O novo Código Civil, atualmente em vigor, ocupou-se das hipóteses de *anulação* de partilha em seu art. 2.027, deixando para que o Código de Processo Civil se encarregasse das demais hipóteses de impugnação da partilha.

Assim, consigna o art. 2.027 do Código Civil que

> *"A partilha, uma vez feita e julgada, só é anulável pelos vícios e defeitos que invalidam, em geral, os negócios jurídicos".*

O Código de Processo Civil brasileiro no art. 1.029, por sua vez, dispõe que:

> *"A partilha amigável, lavrada em instrumento público, reduzida a termo nos autos do inventário ou constante de escrito particular homologado pelo juiz, pode ser anulada, por dolo, coação, erro essencial ou intervenção de incapaz.*
>
> *Parágrafo único. O direito de propor ação anulatória de partilha amigável prescreve em 1 (um) ano, contado esse prazo:*
>
> *I. no caso de coação, do dia em que ela cessou;*
> *II. no de erro ou dolo, do dia em que se realizou o ato;*
> *III. quanto ao incapaz, do dia em que cessar a incapacidade".*

E, no art. 1.030,

> *"É rescindível a partilha julgada por sentença:*
>
> *I. nos casos mencionados no artigo antecedente;*
> *II. se feita com preterição de formalidades legais;*
> *III. se preteriu herdeiro ou incluiu quem não o seja".*

Bibliografia

BEVILÁQUA, Clóvis. *Código Civil comentado*. 6. ed. Rio de Janeiro: Francisco Alves, 1941. v. 2.

CARVALHO SANTOS, J. M. de. *Código Civil brasileiro interpretado*. 8. ed. Rio de Janeiro: Freitas Bastos, 1963.

COLTRO, Antônio Carlos Mathias. *Direito de família após a Constituição Federal de 1988*. São Paulo: Celso Bastos, 2000.

DIAS, Maria Berenice; PEREIRA, Rodrigo da Cunha (Coord.). *Direito de família e o novo Código Civil*. 2. ed. 2. tir. Belo Horizonte: Del Rey, 2002.

DINIZ, Maria Helena. *Código Civil anotado*. 3. ed. São Paulo: Saraiva, 1997.

______. *Curso de direito civil brasileiro* – Direito de família. 11. ed. São Paulo: Saraiva, 1996. v. 5.

DINIZ, Maria Helena. *Curso de direito civil brasileiro* – Direito das sucessões. 11. ed. São Paulo: Saraiva, 1997. v. 6.

FRANÇA, Rubens Limongi (Coord.). *Enciclopédia Saraiva de direito.* São Paulo: Saraiva, 1977. v. 37.

GOMES, Orlando. *Direito de família.* 14. ed. rev. e atual. por Humberto Theodoro Júnior. 3. tir. Rio de Janeiro: Forense, 2002.

________. *Sucessões.* 11. ed. rev. e atual. por Humberto Theodoro Júnior. 3. tir. Rio de Janeiro: Forense, 2002.

HOUAISS, Antônio; VILLAR, Mauro de Sales. *Dicionário Houaiss da língua portuguesa.* Rio de Janeiro: Objetiva, 2001.

MADALENO, Rolf. *Direito de família* – Aspectos polêmicos. 2. ed. Porto Alegre: Livraria do Advogado, 1999.

________. *Novas perspectivas no direito de família.* Porto Alegre: Livraria do Advogado, 2000.

MARTINS-COSTA, Judith; BRANCO, Nelson. *Diretrizes teóricas do novo Código Civil brasileiro.* São Paulo: Saraiva, 2002.

MICHAELIS. *Moderno dicionário da língua portuguesa.* São Paulo: Melhoramentos, 1998.

MIRANDA, Francisco Cavalcanti Ponres de. *Tratado de direito privado.* 2. ed. Rio de Janeiro: Borsoi, 1971.

MONTEIRO, Washington de Barros. *Curso de direito civil.* 33. ed. São Paulo: Saraiva, 1992.

NEGRÃO, Theotonio. *Código Civil e legislação civil em vigor.* 19. ed. São Paulo: Saraiva, 2000.

________. *Código de Processo Civil e legislação processual em vigor.* 30. ed. São Paulo: Saraiva, 1999.

NERY JÚNIOR, Nelson; NERY, Rosa Maria de Andrade. *Código de Processo Civil comentado.* 6. ed. São Paulo: Revista dos Tribunais, 2002.

________. *Comentários ao Código Civil e leis extravagantes.* São Paulo: Revista dos Tribunais, 2002.

OLIVEIRA, Itabaiana de. *Tratado de direito das sucessões*. 4. ed. São Paulo: Max Limonad, 1952.

PEREIRA, Caio Mário da Silva. *Instituições de direito civil*. 18. ed. Rio de Janeiro: Forense, 1996. v. 1 e v. 5.

RODRIGUES, Silvio. *Direito civil* – Direito das sucessões. 22. ed. São Paulo: Saraiva, 1998.

______. *Direito civil* – Direito de família. 23. ed. São Paulo: Saraiva, 1998.

______. *Direito civil* – Parte geral. São Paulo: Saraiva, 1997.

VENOSA, Sílvio de Salvo. *Direito civil* – Direito de família. São Paulo: Atlas, 2001.

WALD, Arnoldo. *Curso de direito civil brasileiro* – Direito das sucessões. 2. ed. São Paulo: Sugestões Literárias, 1969.

Índice Remissivo